Gerhard Mantel
Mut zum Lampenfieber

Musik

Gerhard Mantel

Mut zum Lampenfieber

Mentale Strategien für Musiker
zur Bewältigung
von Auftritts- und Prüfungsangst

SCHOTT

Bibliografische Information der Deutschen Nationalbibliothek
Die Deutsche Nationalbibliothek verzeichnet diese Publikation
in der Deutschen Nationalbibliografie; detaillierte bibliografische Daten
sind im Internet über http://dnb.d-nb.de abrufbar.

Bestellnummer SEM 8385
ISBN 978-3-254-08385-2

© 2008, 2014 Schott Music GmbH & Co. KG, Mainz
www.schott-music.com
www.schott-buch.de

Alle Rechte vorbehalten
Nachdruck in jeder Form sowie die Wiedergabe durch Fernsehen, Rundfunk, Film,
Bild- und Tonträger oder Benutzung für Vorträge, auch auszugsweise,
nur mit Genehmigung des Verlags

Lektorat: Monika Heinrich
Satz und Layout: Peteratzinger-Publishing, Hünfelden
Printed in Germany · BSS 51103

Inhalt

Vorwort 11

Teil A: Das Phänomen Lampenfieber

I. Lampenfieber – warum? 17
1. Biologische Betrachtungen 17
2. Gründe – für das Musizieren und das Lampenfieber 18
3. Angst – Einbildung 20
4. Lampenfieber und dessen Folgen 24
5. Lampenfieber akzeptieren 27

II. Lampenfieber-Situationen 31
1. Lampenfieber – allein mit dem Publikum 31
2. Lampenfieber im Ensemble 31
3. Lampenfieber im Orchester 32
4. Lampenfieber für andere 33

III. Phasen des Lampenfiebers 35
1. Die Bedeutung des Lebensalters 35
2. Gewöhnung 36
3. Lampenfieberkurven 36

IV. Künstler und Hörer als System 40
1. „Moloch" Publikum 40
2. Das einzelne Individuum 41
3. Was nimmt der Hörer wahr? –
   Interpretatorische Aspekte 44
   3.1 Dynamik 46
   3.2 Rhythmus und Zeitgestaltung 47

3.3 Das Zeitfenster 48
  3.4 Tonansatz und Artikulation 53
  3.5 Klangfarben 54
4. Langeweile oder Risiko? 56
5. Innen- und Außenwahrnehmung 57

Teil B: Die langfristige Vorbereitung des Auftritts

I. Die Verantwortung des Lehrers 65

1. Das „Richtig-falsch-Syndrom" 65
2. Selbstwertgefühl 67
3. Spieltechnik 70
4. Schamgefühl 73
5. Selbstständigkeit 75
6. Wettbewerb 77
7. Vorspielgelegenheiten 78

II. Mut 81

1. Mut zur eigenen Einrichtung eines Werks 83
2. Mut zum Ausdruck 89
3. Mut zur Mitteilung 91
4. Mut zur Einmaligkeit 94
5. Mut zur Charakterisierung 95
6. Mut zur Variation 98
7. Mut zur Dynamik 100
8. Mut zur freien Tempogestaltung 103
9. Mut zur Geste 105
10. Mut zur Übertreibung 108
11. Mut zur Improvisation 110
12. Mut zur Sprache 112
13. Mut zur Rolle 115
14. Mut zur Unabhängigkeit 119

III. Lernkanäle: Vielfachrepräsentation im Gehirn 122

  1. Das motorische Gedächtnis 123
  2. Das kognitive Gedächtnis 127
    2.1 Notennamen 127
    2.2 Intervalle 128
    2.3 Notenbild 129
  3. Das strukturelle Gedächtnis 133
  4. Das semantisch-syntaktische Gedächtnis 136
  5. Das emotionale Gedächtnis 139

IV. Überituale 144

V. Umgang mit Fehlern 146

  1. Einstellung zum Fehler 146
  2. „Fehlerfreundlichkeit" und Perfektion 147
  3. Absichtliche Fehler 150
  4. Fehlerwiederholung und Einprägung 151

VI. Mentales Training 153

VII. Zeit und Raum 155

  1. Zeitgestaltung 155
  2. Pausen 156
  3. Langsames Üben und Tempovarianten 158
  4. Raum beanspruchen 160

VIII. Programmgestaltung 163

Teil C: Vor dem Konzert

I. Der Tag des Auftritts   167
1. Ausgeschlafen?   167
2. Kleidung   167
3. Arbeitswiderstand   169
4. Akustik, Beleuchtung – und mehr   170
5. Essen   173
6. Mitmenschen   174
7. Einspielen   175
8. Keine kurzfristigen Änderungen   177
9. Selbsteinschätzung   178
10. Keine negativen Selbstanweisungen   180
11. Das Ritual   181
    11.1 Das Ritual und seine Regeln   181
    11.2 Atemübungen   184
    11.3 Die Bedeutung der Langsamkeit   185
    11.4 Der Countdown   185

II. Der Gemütszustand vor dem Konzert   187
1. Wie übt man einen bewegten Zustand?   187
2. Gedanken schaffen Fakten   189
3. Geduld   191
4. Gegen den Kontrollzwang   192
5. Vertrauen – Misstrauen – Fehlertoleranz   193
6. Ablenkbarkeit   195
7. Medikamente   196

Teil D: Das Konzert

I. Auftreten   205

1. Haltung und Selbstbewusstsein   205
2. Spannung – Entspannung   207
3. Raumgefühl   209
4. Mimik und Gestik   209

II. Während des Spiels   212

1. Selbstlob   212
2. Die Macht des Musikers   214
3. Der Dialog mit dem Publikum   215
4. Lauschen   216
5. Sensibilisierungsbewegungen   217
6. Ausdrucksbewegungen   222

Schlussbemerkung   227

Anhang

Checkliste: Was ist bei einem Probespiel zu beachten?   231

Der Kenner   236

Literaturhinweise   239

Mensch zu sein bedeutet Angst zu haben.
(C. Arrau)

Angst ist das Schwindelgefühl der Freiheit.
(S.A. Kierkegaard)

Vorwort

Lampenfieber …! Für viele Menschen ist dieser Zustand gleichbedeutend mit Nervosität und Angst. In Umfragen bestätigen 70 Prozent aller Musikstudierenden, dass sie immer oder doch zeitweise Probleme mit dem Phänomen „Lampenfieber" haben, und manch hoch begabter Musiker musste aus diesem Grund seinen Berufswunsch als auftretender Künstler aufgeben. Muss das wirklich sein?

Im vorliegenden Buch wird der Versuch unternommen, aus der Sicht des ausübenden Künstlers und des Pädagogen, der dem Lampenfieber in vielen Formen begegnet ist, Gründe aufzuzeigen und Methoden zum Umgang mit dem Lampenfieber, ja zu seiner Meisterung darzustellen. Es sollen Wege beschrieben werden, wie die lähmende, bedrohliche Form des Lampenfiebers in seine „anstachelnde" Variante umgewandelt werden kann – wie ein „Anzünder" bei einem Grillfeuer. Nicht jede Methode ist für jeden Menschen gleich wirksam, doch scheinen einige der angeführten Aspekte beim Lampenfieberempfinden und -verhalten fast aller Menschen eine Rolle zu spielen.

Das Buch soll nicht den Eindruck erwecken, als gäbe es ein paar billige und garantierte Tricks zur Überwindung des Lampenfiebers. Dafür ist Angst eine zu umfassende und zu tief verankerte Eigenschaft des Menschen. Jeder Mensch hat Angst. Angst zu haben ist keine Schande. Bei Bewerbungen zur Pilotenausbildung z. B. haben „angstfreie Draufgänger" keinerlei Chancen. Angst hat eine zur jeweils eigenen Biographie gehörende ganz individuelle Ausprägung. Das Adrenalin bewirkt offensichtlich bei verschiedenen Menschen unterschiedliche Reaktionen, die in ihrer milderen Ausprägung einen Anreiz, im stärkeren Fall lähmende Angst produzieren. In letzterem Fall ist Lampenfieber eine subjektive Überbewertung des Risikoaspekts gegenüber dem Anreizaspekt einer Herausforderung. (Die Angstform kann bei manchen Musikern sogar einen so hohen Grad erreichen, dass nur psychologisch-therapeutische Hilfe möglich und sinnvoll erscheint. In extremen Fällen sollte deshalb keine Scham bestehen, professionelle Hilfe in Anspruch zu nehmen, um schweren beruflichen und sozialen Schaden zu verhindern.)

Wir beschäftigen uns hier aus nahe liegenden Gründen in erster Linie also mit den leider so verbreiteten negativen, leistungshemmenden Wirkungen des Lampenfiebers. Denn die positiven Wirkungen bedürfen ja keiner speziellen Therapie; es reicht, wenn wir uns darüber freuen! Und da, wo wir uns darüber freuen können, sollten wir diese Freude als jederzeit verfügbare Erinnerung fest in unserem Gedächtnis verankern!

Die möglichen Strategien zur Meisterung des Lampenfiebers basieren ebenso wie die Angst auf biographischen Wurzeln – schädlichen wie nützlichen. Es steht also nicht die Frage im Vordergrund, wer warum wann wie viel Lampenfieber hat, sondern: Was kann ich als Individuum unternehmen, um meine ganz persönliche Art des Lampenfiebers, mein „Lampenfieberprofil", besser zu verstehen und kreativ zu bewältigen?

Ein wichtiger Aspekt im vorliegenden Buch ist die **gedankliche** Aufarbeitung des Phänomens Lampenfieber. Gedanken sind Fakten und schaffen daher auch Fakten im emotionalen Bereich wie dem des Lampenfiebers. Eine Änderung des Blickwinkels, unter dem eine Konstellation – etwa ein Vorspiel, ein Probespiel oder ein Konzert, ja selbst ein Vortrag – gesehen wird, kann eine emotional und damit geradezu körperlich spürbare Erleichterung in einem Stresszustand wie dem des Lampenfiebers bewirken.

Es ist für jeden, der ins Rampenlicht tritt, eine tröstliche Tatsache, dass gerade die größten Musiker oft unter erheblichem Lampenfieber gelitten haben bzw. leiden und trotzdem oder vielleicht gerade deshalb – kaum auf der Bühne angekommen – wunderbare künstlerische Leistungen vollbracht haben und vollbringen! Deshalb kann ich zu mir sagen: „Genau so fühlte sich Vladimir Horowitz oder Pablo Casals oder Svjatoslav Richter oder Dietrich Fischer-Dieskau vor jedem Konzert, wie ich mich vor diesem Auftritt heute fühle!" Casals z. B. berichtete, dass ihm bei einem leichten Unfall, bei dem seine Hand minimal verletzt wurde, zunächst durch den Kopf schoss: „Nie mehr Lampenfieber!" Erst der zweite Gedanke ließ ihn erschrecken: Er könnte vielleicht nicht mehr Cello spielen! – Ich habe also eine ganz tiefe, gefühlsmäßige Gemeinsamkeit mit diesen Künstlern. Ich bin nicht allein mit meinem Lampenfieber! Selbst wenn ich jetzt Svjatoslav Richter wäre, so hätte ich doch Lampenfieber.

Auch wenn nicht jeder ein großer gefeierter Podiumskünstler werden kann, mit oder ohne Lampenfieber, so bedeutet doch die Meisterung des Lampenfiebers, der „Sieg über das Lampenfieber", ja seine Instrumentalisierung als künstlerischer Anreiz einen gewaltigen Schritt in Richtung eines größeren Selbstbewusstseins und damit einer höheren persönlichen Lebensqualität.

Ziel muss es also sein, die psychische Energie des Lampenfiebers von ihrer negativen Erscheinungsform (Angst als „Fluchtimpuls") in positive Aktivität („Angriff") umzumünzen. Dann erfahren wir das Lampenfieber sogar als Notwendigkeit für Höchstleistungen. In einem Zustand, in dem Lampenfieber vor einem Konzert völlig fehlt, kann es manchmal (z. B. bei einer Konzertreise, bei der die gleichen Programme oft wiederholt werden müssen) zu einem Zustand kommen, bei dem man sich sogar dringend „etwas mehr Lampenfieber" wünscht – sonst fehlt der „Biss". Artur Rubinstein erzählte, dass er für ein Konzert unbedingt ein bisschen Lampenfieber brauchte, sonst langweilte er sich und das Publikum.

Die in diesem Buch dargestellten Erfahrungen zum Lampenfieber kommen aus dem künstlerischen und pädagogischen Bereich eines Streichers. Einige Beispiele sind daher vielleicht etwas „streicherlastig". Der kein Streichinstrument spielende Leser wird die Überlegungen unschwer übertragen und seine eigenen Erfahrungen ergänzen können.

Teil A: Das Phänomen Lampenfieber

I. Lampenfieber – warum?

1. Biologische Betrachtungen

Der Begriff Lampenfieber wird in unterschiedlicher Bedeutung gebraucht. Physiologisch gesehen ist Lampenfieber eine Form von Angst. Für diesen Zustand stellt unser Körper zusätzliche (psychische und körperliche) Energie bereit – durch eine erhöhte Ausschüttung von Adrenalin bei gleichzeitiger Herabsetzung der Großhirnaktivität, also des differenzierten Denkens. Angst ist Teil der genetischen Ausstattung jeder höheren Spezies; sie gehört zu mir nicht individuell, sondern zu mir als Mensch. Zum Überleben des „Tiers Mensch" in gefährlichen Situationen stehen als Folge der Angst zwei Verhaltensalternativen zur Verfügung: Flucht und Angriff.

Der Psychologe und Angstforscher Gerald Hüther betrachtet Angst als die wichtigste Voraussetzung von Entwicklung überhaupt, auch im übergeordneten entwicklungstheroretischen Sinne. Er beschreibt sie als das verunsichernde Gefühl eines Lebewesens, für eine neu auftretende Situation im Gehirn nicht die geeigneten neuronalen Verschaltungsprogramme, d.h. Handlungsmöglichkeiten zur Verfügung zu haben. Aus der Angst, nämlich diesem stark empfundenen Defizit heraus wächst dann die Suche nach geeigneteren Verschaltungen. So kann man Angst sogar als eine Bedingung für allgemeinen und persönlichen Fortschritt definieren. Angst ist in diesem Sinne ein zum Menschen gehörendes natürliches und für das Überleben notwendiges Gefühl. Es besteht also kein Grund, die Angst auch noch mit einem Schuldgefühl zu potenzieren. Niemand ist schuld an seiner Angst!

2. Gründe – für das Musizieren und das Lampenfieber

Musikmachen ist offensichtlich ein Urbedürfnis des Menschen. Musik hat keinen direkten Nutzen. In der Musik erlebe ich aber Gefühle, Energieströme, die sinnlich erfahrbare Symbole und Korrelate zu den Prozessen darstellen, die mein Leben bestimmen. Musik vertieft also mein Bewusstsein. *Der Mensch ist da ganz Mensch, wo er spielt* (F. Schiller). Dieser Satz lässt sich auch auf das „Spielen" von Musik beziehen. Musik ist deshalb für uns Menschen etwas Wichtiges, ja Notwendiges.

Im Musizieren habe ich die wunderbare Möglichkeit, ohne den Umweg über die Sprache Gefühle mit Menschen auszutauschen, die ich vielleicht gar nicht kenne, die mich vielleicht gar nicht kennen. Ich kann andere Menschen in mein Spiel hereinnehmen und so meine Isolation als Individuum durchbrechen – aber nur, wenn ich Musik als etwas betrachte und erlebe, das mich mit meinen Hörern verbindet und nicht von ihnen trennt. Andernfalls stellen sich Gefühle von Verlorenheit, Isolation, Auf-sich-selbst-gestellt-Sein ein, die mit der Angst vor Kontrollverlust über mein Handeln einhergehen. Das Bewusstsein, als Künstler mit seinen Hörern verbunden zu sein, scheint einer der wichtigsten mentalen „Hebel" zu sein, um das Lampenfieber in eine konstruktive Befindlichkeit zu transformieren.

Durch Musik kann ich über mich selbst etwas erzählen, aber auch etwas erfahren (im Sinne des „Erkenne dich selbst"), über meine Geschichte, über meine kulturell bedingte und gesellschaftlich entstandene Persönlichkeit. Woher kommt es nun, dass gerade diese ideale Kommunikationskunst, dass gerade das musikalische Spiel als Ausdruck größter Freiheit durch Lampenfieber und Angst belastet ist, durch Angst vor Fehlern, vor Versagen? Musikalisch zu kommunizieren hat doch einen viel tieferen Grund als den, keine Fehler bei einem Konzert zu machen oder bei irgendjemanden einen guten Eindruck zu hinterlassen!

Das Lampenfieber entsteht in den meisten Fällen nicht aus der Angst, musikalisch zu leichtgewichtig, vielleicht zu phantasielos in der Darstellung, im musikalischen Gespräch mit dem Zuhörer zu erscheinen, sondern hauptsächlich aus der Angst, technischen Normen nicht zu genügen, die mir so oft – vom ersten Tag meiner Ausbildung an – als Spiegel meines Wertes vorgehalten werden. Der Wert meines technischen Könnens wird gleichgesetzt mit meinem Wert als Musiker, als Mensch.

Hierin liegt eine Wurzel der Aufführungsangst. Eine Teileigenschaft wird als Wertmaßstab für den ganzen Menschen genommen: „Sage mir, wie gut du Klavier (Geige, Gitarre etc.) spielst, und ich sage dir, was du wert bist." Oder noch spezifischer: „Sage mir, wie sauber deine Intonation, wie groß deine Treffsicherheit, wie schnell deine Oktaven sind, und ich sage dir, wer du bist." Wenn der Selbstwert zwanghaft an solches Gelingen gekoppelt ist, kann die Angst vor dem Misslingen einer einzigen Stelle nicht nur die Freude und die Qualität eines ganzen Auftritts verderben, sondern sogar dem Selbstbewusstsein meiner Person dauerhaften Schaden zufügen.

So entsteht der paradoxe Teufelskreis, dass die Angst, technischen Normen nicht zu genügen, zu einem Zustand führt, in welchem ich meiner eigenen Vorstellung eines musikalischen Werkes vielleicht wirklich nicht genüge. Angst verengt den Horizont, verkürzt die als Gegenwart erlebte Zeit, lässt also die erlebbare Jetzt-Spanne schrumpfen, lässt den Körper erstarren („starr vor Angst"), verringert sogar meinen räumlichen Bewegungsspielraum und reduziert so meine künstlerischen Möglichkeiten.

Aus den bisherigen Überlegungen zum Lampenfieber geht bereits ein wichtiger Ansatz zu dessen Vermeidung hervor:

Wenn es mir gelingt, mich auf die Ebene der Frage zu schwingen „Warum mache ich überhaupt Musik?", bin ich dem negativen Einfluss des Lampenfiebers schon ein Stück weit entflohen! Denn die Antwort vermindert das Gefühl der Isolation, das immer mit Lampenfieber einhergeht. Sie heißt: Ich mache etwas für mich und andere Menschen außerordentlich Wichtiges – etwas so Wichtiges, dass sie gekommen sind, mir zuzuhören.

Im ganz „normalen" Leben tritt – in unterschiedlicher Ausprägung je nach Persönlichkeit und Anlass – ebenfalls Lampenfieber auf, wenn wir z. B. einen Vortrag halten oder wenn ein Rendezvous mit einem für uns wichtigen Menschen bevorsteht. Der Künstler kommt auf die Bühne mit dem Gefühl, etwas Wichtiges zu betreiben, wenn er Musik macht. Vor einem Konzert habe ich gewissermaßen ein wichtiges „Rendezvous mit dem Publikum" vor mir.

3. Angst – Einbildung

In der einschlägigen Literatur wird oft eine prinzipielle Unterscheidung gemacht zwischen Lampenfieber (stage fright) und Aufführungsangst (performance anxiety), wobei letztere als Angst davor zu verstehen ist, bei der bevorstehenden Aufführung durch die physisch wirkenden Folgen der Angst gelähmt zu werden. So hat man dann „Angst vor der Angst". Bei allem Bemühen um eine solche Unterscheidung ist man sich aber doch in wissenschaftlichen Untersuchungen meist darüber einig, dass Lampenfieber und Angst ein und dasselbe Phänomen darstellen, wenn auch in unterschiedlichem Kontext, unterschiedlicher Stärke und Wirksamkeit. Leider schaffen die nüchterne, objektivierende, wissenschaftliche Begründung oder die statistische Beschreibung des Phänomens das Lampenfieber noch nicht weg. Objektivierung und

Relativierung können aber doch helfen, die negative Wirkung der Lampenfiebergefühle zu mindern.

Nicht die Dinge selbst beunruhigen die Menschen, sondern die Vorstellungen von den Dingen (Epiktet, 1. Jh. n. Chr.). Im ursprünglichen Sinne ist eine Vorspielsituation keine echte Bedrohung; niemand will mir dabei ans Leben. Die echte Bedrohung wird aber ersetzt durch die „eingebildete" Bedrohung, nämlich die einer Minderung meines Wertes als Persönlichkeit in den Augen von anderen. Die eingebildete Bedrohung wird durch diese Autosuggestion, die ja ein starkes Gefühl erzeugt, indirekt wieder zu einer echten Bedrohung. Lampenfieber ist also in der spezifischen Situation (z. B. eines Konzerts) Angst um die Einschätzung meines Wertes durch andere.

Ein beachtlicher Teil der Angst entsteht mehr aus eingebildeten als aus wirklich vorhandenen Gefahren. Ein Beispiel: Ein Hörer raschelt mit dem Programm. Es stört mich, wenn ich gerade auf dem Podium sitze und spiele – weniger wegen des Geräuschs als wegen der vermuteten Gleichgültigkeit meinem Spiel gegenüber. In Wirklichkeit mag das Geräusch dem Hörer selbst außerordentlich peinlich sein, es ist ihm bei irgendeiner Bewegung eben passiert und hatte nichts mit mir zu tun. Vielleicht entstand es sogar in einem Moment, in dem er auf mein Spiel intensiv reagierte. Trotzdem beziehe ich das Verhalten in negativer Weise auf mich selbst, da der Lampenfieberzustand das Selbstbewusstsein besonders zerbrechlich macht.

Es ist deshalb nicht nur legitim, sondern außerordentlich hilfreich, auch bei der Bekämpfung des Lampenfiebers ganz gezielt und aktiv „Einbildung" – also mentale Kräfte – einzusetzen, die bis zu dem medizinisch längst als wirksam erkannten Placeboeffekt reichen. Besonders das „Ritual" besitzt in hohem Maße einen solchen Placeboeffekt (s. S. 183). „Einbildung" bewirkt ganz konkrete Veränderungen in bestimmten

Teilen des ungeheuren Netzwerks unseres Gehirns und damit unseres Körpers. Sie ist insofern real, ja sogar mit neuen wissenschaftlichen Methoden optisch beobachtbar, nicht etwa nur virtuell. Wirklich ist alles, was wirkt. Auch das Lampenfieber ist eine nur von mir selbst geschaffene Wirklichkeit!

Die Art, wie Menschen Lampenfieber empfinden, wie es sich auswirkt und welche Therapiemethoden am besten ansprechen, ist so unterschiedlich wie die Menschen selbst. Für jeden Einzelnen gilt: Mein Lampenfieber wird von mir selbst hergestellt, meist durch eine Überschätzung (also einer von mir selbst gesteuerten „Einschätzung") des Bedrohungspotentials. Bei manchen Menschen bringen kognitive Methoden, wie z. B. die gründliche Analyse der zu spielenden Werke als Verringerung des „eingeschätzten" Bedrohungspotentials (etwa von Gedächtnislücken), eine deutlich erhöhte Sicherheit. Andere sprechen auf „desensibilisierende", psychologische Methoden besonders gut an, wie sie etwa bei der Therapie der Flugangst eine Rolle spielen. Wieder andere schwören auf Psycho- und Körpertechniken wie NLP (Neurolinguistisches Programmieren), Yoga, progressive Relaxation, Kinesiologie, Alexandertechnik, Dispokinese, Nowobalance oder Feldenkrais. Alle diese Methoden haben für verschiedene Menschen eine jeweils persönliche Bedeutung mit oft erstaunlichen Resultaten.

Es ist bemerkenswert, dass viele Menschen zu einer fast sektiererischen Einstellung „ihrer" Methode gegenüber tendieren. Vielleicht muss das so sein: Der Glaube an die Methode ist – wie beim Placeboeffekt – ein Teil, hier vielleicht sogar der wichtigste Teil der Therapie, da er ja den Zustand, die Befindlichkeit sowohl psychisch als auch körperlich verändert, und zwar auch beim aufgeklärtesten modernen Menschen. Der Einbildungseffekt ist also weitgehend unabhängig vom Bildungsstand eines Menschen. – Folgende Anekdote soll sich tatsächlich zugetragen haben: Die beiden Atomphysiker

Niels Bohr und Werner Heisenberg trafen sich in einem Chalet von Niels Bohr. Heisenberg bemerkte ein Hufeisen über der Tür und fragte seinen Freund, ob er denn an dessen Wirkung glaube. Darauf Niels Bohr: „Es hilft auch, wenn man nicht daran glaubt!"

Vielleicht ist hier der Grund zu suchen, warum die meisten Künstler mehr oder weniger abergläubisch sind. Auch dem dezidiert Un-Abergläubischen passiert es, dass er sich ganz bewusst gegen den Aberglauben stemmen muss, etwa wenn er trotzig unter einer Leiter durchmarschiert, was ja – laut Aberglauben – Unglück bringen soll, oder wenn er vor einer Aufführung angestrengt bemüht ist, sich für ein „toi, toi, toi!" des Kollegen nicht zu bedanken (denn sich dafür zu bedanken, ist nach Bühnenaberglauben strikt verboten!).

Auch hier liegt es nahe, den Spieß umzudrehen: Wenn die Einbildung doch bei allen Menschen eine so große Wirkung hat, kann ich ja „per Einbildung", und sei es ein bisschen in Richtung meines privaten „Aberglaubens", eine Verbindung herstellen zwischen dieser Einbildung und einem positiven Zustand, den ich damit verknüpfen will! Wenn Lampenfieber zum großen Teil auf „Einbildung" beruht, also auf der „Bevorzugung" negativer Bilder von mir und meinem Auftritt, ist es legitim, als „Gegenmittel" ebenfalls die Einbildung zu verwenden, geradezu als eine milde Form von Selbsthypnose.

Auch wenn man nicht auf die Stufe eines primitiven Aberglaubens herabsteigen will, bleibt doch festzuhalten, dass die Vorsatzbildung bei Psychotechniken wie autogenem Training oder NLP im Grunde auch nichts anderes ist als die sinnvolle therapeutische Verwendung der realen Macht der Einbildung, wie sie sich auch in abergläubischen Verknüpfungen manifestiert. Das Wort „Einbildung" kann hier sehr wörtlich genommen werden: Wenn ich mir ein Bild mache von etwas, ist meine Vorstellung natürlich viel lebhafter, als wenn ich im abstrakten begrifflichen Rahmen bleibe. Die Einbildung wird zur Wirklichkeit. (Es sei hier an Voodoo-Todesurteile erinnert, aufgrund derer ein aus der Gesellschaft ausgestoßener, zum Tod verurteilter Mensch „per Einbildung" wirklich stirbt, nur weil er weiß, dass er sterben soll. Auch das bekannte Phänomen der „self-fulfilling prophecy" gehört in diesen Zusammenhang.

4. Lampenfieber und dessen Folgen

Wir müssen zwischen dem unangenehmen Gefühl der Aufführungsangst und den wirklichen Folgen eines solchen Gefühls unterscheiden. Die Maßnahmen, die ich für den erfolgreichen Umgang mit Lampenfieber ergreifen kann und die im Folgenden im Detail beschrieben werden sollen, vertreiben nur zum geringeren Teil und eher indirekt das Gefühl „Lampenfieber" selbst, wohl aber dessen negative Konsequenzen. Dadurch entsteht ein positiver Kreislauf: Die Beobachtung, dass die negativen Konsequenzen des Lampenfiebers nachlassen oder sich überhaupt nicht einstellen, stabilisiert natürlich rückwirkend mein Selbstbewusstsein und lässt das Lampenfieber – ohne den Umweg etwa über einen Zustand von Gleichgültigkeit – umschlagen von einer defensiven in eine offensive Befindlichkeit.

Eine der Schwierigkeiten beim Umgang mit Lampenfieber ist die Tatsache, dass zwischen dem Lampenfieber und den möglichen Maßnahmen, angefangen von der gründlichen Konzertvorbereitung über Psychotechniken bis hin zur Einnahme von Betablockern, keine direkt körperlich fühlbare Kausalkette besteht. Im Alltag erkennt man Wenn-dann-Beziehungen im Allgemeinen sofort, z.B.: Wenn ich einen Topf auf dem heißen Herd stehen lasse, brennt sein Inhalt an. Wenn ich mir in den Finger schneide, tut es weh etc.

Beim Lampenfieber wirken solche Wenn-dann-Beziehungen auch, aber sie sind nicht direkt sinnlich erfahrbar. Sie wirken in einer dem Bewusstsein unzugänglichen „Black Box"; ihre Wirkung ist nur am Resultat ablesbar. Dies ist einer der Gründe, warum Lampenfieber uns als etwas so „Mystisches", Fremdes, Gefährliches, Geheimnisvolles, Unkontrollierbares, dem Aberglauben Ausgeliefertes erscheint, auf das wir keinen direkten Zugriff haben. „Alles im Griff" zu haben, ist ja im Leben eine Art Maxime, deren Beherrschung wir oft auch dann vorgeben, wenn wir keineswegs alles im Griff haben (niemand hat immer alles im Griff!). Der soziale Druck, „alles im Griff" haben zu müssen, bewirkt, wenn man bei sich das Gegenteil beobachtet, natürlich ein Schamgefühl. Die Scham wirkt als sicherer Verstärker des Lampenfiebers. Schon deshalb ist es unerlässlich, dass man zumindest sich selbst gegenüber ganz „scham-los", geradezu un-„verschämt" den Zustand des Lampenfiebers eingesteht. Denn nur bei klar definierter psychischer Ausgangslage kann eine wie immer geartete Therapie überhaupt greifen.

Den Grad der „Sensibilität" eines Menschen oder gar seines Könnens in ein Verhältnis zum Lampenfieber zu setzen, dürfte keine brauchbare Erkenntnis für den Einzelnen erbringen, zumal schon die Definition des Begriffs „Sensibilität" Schwierigkeiten macht. Sicher ist nur, dass extrem unsensible Menschen meist nicht viel Lampenfieber haben. Der Umkehrschluss aber ist nicht zulässig, weil auch sehr sensible Menschen aus den verschiedensten situativen und biographischen Gründen zu mehr oder auch zu weniger Lampenfieber neigen können. (Einem Boxer würde mancher Künstler nicht allzu viel Sensibilität zutrauen und doch kann ein Boxer vor einem Kampf ein extrem starkes Lampenfieber haben.)

Auch die diversen Therapien und Psychotechniken unterliegen dieser grundsätzlichen interindividuellen Unschärfe. Hier soll deshalb nicht eine statistisch verwendbare psychologische „Medikation" versucht werden, sondern auf die verschiedenen intrapersonellen Faktoren eingegangen werden, die bei der Umwandlung der Aufführungsangst in eine positiv-aggressive Befindlichkeit eine Rolle spielen können.

Wichtig bei der Meisterung der Folgen meines persönlichen Lampenfiebers ist die Antwort auf die Frage, auf welchen instrumentalen oder künstlerischen Parametern ich denn eigentlich erfahrungsgemäß durch das Lampenfieber Schaden nehmen könnte. Man kann beobachten, dass verschiedene Spieler des gleichen Instruments ganz unterschiedliche „Ausfälle" als Folgen eines starken Lampenfiebers haben:

- Es gibt z.B. Streicher, bei denen auch bei starkem Lampenfieber keinerlei Trübung der Intonation eintritt, wohl aber eine Verminderung der klanglichen Kontrolle (das Bogenzittern gehört in diese Kategorie).
- Bei anderen Musikern entsteht zwar keine bemerkbare technische Unsicherheit, wohl aber eine deutliche Herabsetzung des Ausdrucks beim Spielen.
- Eine weitere Folge ist vielleicht eine Einschränkung der Kraft und Ausdauer bei Belastungen, die das Spiel mit sich bringt.
- Wieder andere Künstler können eine Beeinträchtigung des Gedächtnisses bei sich beobachten, ohne dass der Ausdruck im Einzelnen hörbar betroffen wäre.
- Bei anderen leidet die Trennschärfe von schnellen Passagen, nicht aber die Tonqualität im kantablen Bereich.
- Bei vielen Spielern ist das Tempogefühl beeinträchtigt, wobei durch die erhöhte Puls- und Atemfrequenz das Tempo oft schneller wird, Einsätze zu früh kommen und so die schon durch das Lampenfieber verursachte Unruhe noch einmal potenziert wird.
- Aber auch das Gegenteil kommt je nach Lampenfieberprofil vor: dass man vor lauter Vorsicht das Tempo verliert, langsamer wird (auch wenn dies der seltenere Fall ist).

- Eine bei fast allen Menschen auftretende Gefahr bei Lampenfieber ist die Herabsetzung des Bewegungsambitus.

Wenn der Spieler die Folgen seines persönlichen Lampenfiebers festgestellt hat, kann eine gezielte Übetherapie entwickelt werden. Wenn z. B. die klangliche Qualität Einbußen erleidet, kann ich nach konkreten Bedingungen Ausschau halten, die bestimmend für Klangqualität sind, und gezielt daran arbeiten: Anschlagsübungen, Atemkontrollübungen, beim Streicher auch Strichstellen-Kontrollübungen, Vibratoübungen etc. – je nach persönlichen Erfahrungen und Instrument. Wenn die Tempokontrolle abnimmt, kann man durch Dirigierübungen oder ausnahmsweise auch einmal durch einen Durchlauf der einen oder anderen Passage mit dem Metronom einen Arbeitsansatz schaffen.

Außerordentlich hilfreich kann es auch sein, einem Menschen, dem ich vertraue und dessen Kompetenz ich respektiere, vorzuspielen und seine wohlwollende Kritik einzuholen; dies wird aber aus menschlich nahe liegenden Gründen nur höchst selten in Anspruch genommen. Jascha Heifetz soll jedoch als weltweit gefeierter Geiger immer wieder bei seinem Lehrer einzelne Unterrichtsstunden genommen haben.

5. Lampenfieber akzeptieren

Die Akzeptanz des Lampenfiebers ist der erste Schritt zu dessen Überwindung. Hier drängt sich eine alte Seemannsregel gegen die Seekrankheit auf: „Die Wellen bewusst mitmachen, statt sich in die Kajüte flüchten!" Es geht letztlich um die Akzeptanz der gegensätzlichen Zustände im Leben, wie Hochspannung (Lampenfieber!) - Entspannung, Wachen – Schlafen, Hunger – Essen, ja der zyklischen Zustände der Natur überhaupt, wie Tag – Nacht, Sommer – Winter. Die Akzeptanz solcher zyklischer Wellenbewegungen im Leben und in der Natur ist jedem Menschen eine existentielle Selbstverständlichkeit, gegen die wohl niemand versuchen wird „Maßnahmen zu ergreifen". Es ist schon rein gedanklich beruhigend, meinen jetzigen Lampenfieberzustand in diese zyklische Ereignisform im Leben einzubetten und als „Wellenberg" im Wechsel von Spannung – Entspannung zu begreifen.

Schon deshalb kann man Lampenfieber nicht einfach „abschaffen", aber man kann lernen, damit umzugehen, es auszuhalten, es als eine Herausforderung anzunehmen. Diese Herausforderung kann zu neuen künstlerischen Ufern führen. Lampenfieber kann insofern eine Chance sein, neue Dimensionen einer künstlerischen Persönlichkeit aufzuspüren. Betrachten wir also das Lampenfieber als Chance statt als Hindernis, ganz im Sinne von Gerald Hüther, der die Angst als (biologische) Aufforderung begreift, neue Wege zu gehen, neue Verhaltensweisen zu erlernen. Für manch einen Musiker könnte dies z.B. die Aufforderung sein, seine Art der Vorbereitung, also des Übens, noch einmal gründlich zu hinterfragen und gegebenenfalls zu ändern.

Hier begegnet man bei vielen Menschen einer Scheu (Angst!), sich in irgendeinem Teilbereich zu ändern oder auch nur einen Aspekt neu aufzunehmen, der bisher fremd war. Das Fremde, Neue erscheint paradoxerweise oft bedrohlicher als der unbefriedigende Zustand, den man eigentlich ändern will. Die wichtigen Änderungen, um die es innerhalb einer künstlerischen Entwicklung eines Musikers geht, können verständlicherweise als bedrohlich erlebt werden. So zieht man sich auf die sicher erscheinende, aber gerade deshalb umso gefährlichere Position zurück: „Kunst muss von innen kommen", will sagen: „Kunst muss von selbst kommen". Statt Neues zu wagen, denunziert man Neues (z.B. Ausdrucksbewegungen) als „aufgesetzt", und alles „Aufgesetzte" kann ja keine wirkliche Kunst sein!

Verwandt mit dieser fortschrittsbehindernden Haltung ist der Satz „Der eine hat's, der andere nicht", wobei man selbst es natürlich hat – nur müssen die anderen es noch entdecken. Und wenn „man's hat", braucht man ja nichts Wesentliches zu ändern. Dem ist zu erwidern, dass alles Lernen als Änderung bisherigen Verhaltens zunächst „aufgesetzt" ist. Die erwähnte kunstmoralische Position erweist sich so als Variante des Spruchs: „Wasch mir den Pelz, aber mach mich nicht nass." Sie produziert eine Illusion von Sicherheit („alles kommt ja von innen"), kommt aber in Wirklichkeit von der Scheu vor Veränderung. Jede Veränderung bricht etwas auf, zerstört etwas und sei es nur eine schlechte Gewohnheit. Diese Scheu vor Veränderung ist keine Schande, sie gehört zum Spannungsfeld Sicherheit – Freiheit, doch sollte man sie als wirkliche Behinderung des individuellen Fortschritts erkennen.

Fazit

- Angst gehört zum Menschen. Ein bisschen Angst ist lebensnotwendig.
- Niemand ist schuld an seinem Lampenfieber.
- Der Wert der Persönlichkeit eines Musikers wird nicht an einem falschen Ton gemessen.
- Als Künstler darf ich mich weder meines Ausdrucks noch meines Lampenfiebers schämen: Ich bin ja in bester Gesellschaft, denn ich teile das Problem mit allen Mitkünstlern.
- Lampenfieber entsteht durch Einbildung. Durch Einbildung kann ich es auch besiegen.
- Ich muss die Folgen meines persönlichen Lampenfiebers kennen, bevor ich es bekämpfe.

- Lampenfieber ist eine Bedingung für Fortschritt und daher notwendig für Höchstleistungen. Also muss ich es akzeptieren.
- Arbeit am Lampenfieber ist Arbeit an der Persönlichkeit.

II. Lampenfieber-Situationen

1. Lampenfieber – allein mit dem Publikum

Am eindrucksvollsten ist das Gefälle zwischen starkem Lampenfieber und einem geradezu als „Lampenfiebereuphorie" zu bezeichnenden Zustand vor bzw. bei einem rein solistischen Auftritt, bei dem man ganz allein (wahlweise!) sich dem Publikum ausliefert oder im Gegenteil das Publikum vollkommen dominiert.

Voraussetzung hierfür ist der Entschluss, die Verantwortung bewusst zu übernehmen. Es gibt keine Ausreden, keine Sündenböcke mehr, sei es eine unbefriedigende Akustik, sei es eine unfertige Vorbereitung, sei es ein unzuverlässiger Mitspieler. Diesen Entschluss kann man gewissermaßen „üben", indem man vielleicht schon Tage vor dem Konzert innerlich die ganze Verantwortung für den eigenen Auftritt, ja für das ganze künstlerische Ereignis einschließlich der Reaktion des Publikums und der eigenen Reaktion hierauf bewusst auf sich nimmt.

Der „Einsame" auf der Bühne „outet" sich vorbehaltlos. Er muss zu dem stehen, was er ist und was er kann – und was er nicht kann. Stärken und Schwächen, biographisch bedingte Schwerpunkte und Lücken zeichnen die charakteristischen Linien der Persönlichkeit, des eigenen Profils. Mit der Akzeptanz der Verantwortung wächst das Selbstbewusstsein; die ursprüngliche Angst kann dann zu einem geradezu euphorischen Zustand mutieren.

2. Lampenfieber im Ensemble

Sehr unterschiedliche Formen kann das Lampenfieber in Gruppen annehmen. Neben der eigenen „Bewährung" als Spieler kommt hier – entweder entlastend oder belastend – die Dynamik innerhalb der Gruppe hinzu.

In einem festen, oft zusammen auftretenden Kammermusikensemble ist die Frage der gegenseitigen Anerkennung im Allgemeinen irgendwann geklärt; hier wirkt die Gruppe in ihrer gemeinsamen Aufgabe eher beruhigend. In einer solchen gewachsenen Gruppe wird man dem Mitspieler einen Fehler sofort verzeihen, wie man sich selbst ja auch einen Fehler auf dem Podium unbedingt sofort verzeihen muss und darf. Man kann auf das gemeinsame Niveau vertrauen, die Proben waren optimal und darüber hinaus bleibt nur die lakonische Feststellung, dass niemand perfekt ist.

In einer ad hoc zusammengestellten Gruppe mit solistisch „hörbaren" Aufgaben jedes Einzelnen findet hingegen eher eine gegenseitige Beobachtung und kritische Bewertung statt. Hier hilft nur eine exzellente Vorbereitung, eine genaue Kenntnis der gesamten Partitur, zumindest eine exakte Kenntnis der rhythmischen Abläufe. Eine noch so sorgfältige Beherrschung der eigenen Stimme reicht auf keinen Fall aus. Jeder einzelne Mitspieler hat über seine Stimme hinaus die Verantwortung für das ganze Ensemble. Ein falscher Ton bleibt ein kleines Einzelereignis, aber ein falscher Einsatz kann zum „Schmiss" führen!

3. Lampenfieber im Orchester

Auch beim Orchestermusiker tritt Lampenfieber in unterschiedlicher Ausprägung auf. In einer Streichergruppe gibt es rein akustisch einen gewissen „Schutz". Mancher spielt unter diesem Schutz der Gruppe so ruhig und sicher, wie er es, wäre er allein exponiert, kaum zustande brächte. Auch die rhythmischkörperliche Gesamtbewegung der Gruppe wirkt in diesem Sinne. (Bei der Intonation reicht es allerdings, wenn ein Einziger unsauber spielt – dann ist der Gruppenklang unsauber!)

Besonders unangenehm sind indes plötzliche Soli, wenn von einem Moment zum anderen übergangslos der Schutz der

Gruppe wegfällt und ein Gefühl der Verlassenheit um sich greift. Der Wechsel von der Aufgeregtheit zur inneren Ruhe braucht meistens ein paar Minuten Zeit. Der berühmte Bratschenwitz, nach dem ein Bratscher ein fliegendes Staccato am besten dadurch lernt, dass man eine ganze Note schreibt und „Solo" darüber setzt, wird auch von vielen Nicht-Bratschern belacht, die durch Lampenfieber ins Zittern geraten!

Einer besonderen Situation sieht sich der Bläser im Orchester gegenüber. Er ist eigentlich immer Solist und dem Urteil des ganzen Orchesters und des Dirigenten direkt ausgesetzt. In Untersuchungen über das Lampenfieber im Orchester zeigt sich, dass Bläser vor Soloeinsätzen meist eine deutlich höhere Herzfrequenz haben. Auch ein Streichersolo kann natürlich zu einer unnatürlich hohen Herzfrequenz mit hörbaren Folgen führen.

Die Podiumssicherheit des Orchestermusikers dürfte ziemlich genau mit der Qualität seiner Vorbereitung korrelieren, für die jeder Einzelne seine persönliche Verantwortung trägt. Niemand sollte sich deshalb von vielleicht erfahreneren Kollegen beeindrucken lassen, die so tun, als benötigten sie keinerlei Vorbereitung. – Hier braucht jeder ein hohes Maß an nüchterner Selbsteinschätzung.

4. Lampenfieber für andere

Wie kommt es, dass man für einen nahe stehenden Menschen Lampenfieber empfinden kann? Die klassische Definition von Lampenfieber als „Furcht vor einem Angriff auf das Selbstwertgefühl" trifft hier nicht zu. Es scheint sich um ein echtes Übertragungsphänomen zu handeln. Ich unterstelle der betreffenden Person das mir bekannte Gefühl des Lampenfiebers und übertrage es auf mich selbst, leide darunter, als ob ich selbst auf der Bühne stünde. Manchmal ist Lampenfieber für andere sogar viel stärker als beim eigenen Auftritt, da ich beim

Spiel eines anderen überhaupt keine Eingriffsmöglichkeit habe. Man ist versucht, mobilisierende und gleichzeitig beruhigende Körperbewegungen, die man beim eigenen Spiel vielleicht – bewusst oder unbewusst – einsetzen würde, als Hilfe auf den anderen zu übertragen, was natürlich, wenn man nicht in mystische Bereiche ausweichen will, eine Illusion ist.

Dieses sicher jedem bekannte Phänomen gibt allerdings auch für die Meisterung des eigenen Lampenfiebers einen ganz wichtigen Hinweis: Letzten Endes wird das stellvertretende Lampenfieber ja „nur durch eine Einbildung" hervorgerufen, es betrifft mich als Zuschauer in Wirklichkeit nicht persönlich. Die Wirkung dieser „Einbildung" kann immerhin so stark sein, dass sie in mir die bekannten konkreten psychosomatischen Symptome erzeugen kann. In dem Moment, in dem ich als Zuhörer den Leistungen, z.B. meines Schülers, „dort oben auf der Bühne" vollkommen vertraue, ist auch mein „Zuhörer-Lampenfieber" verschwunden!

Fazit

- Ein Solist muss die Verantwortung für das gesamte Konzert übernehmen.
- Im Ensemble ist das Akzeptieren auch der Fehler der anderen unabdingbar.
- Jeder hat sein eigenes Lampenfieber. Nicht durch das Lampenfieberverhalten anderer beeindrucken lassen!
- Gute Vorbereitung bringt Selbstvertrauen.

III. Phasen des Lampenfiebers

1. Die Bedeutung des Lebensalters

Kinder kennen im Allgemeinen kein Lampenfieber – wenn sie nicht schon durch Eltern oder Lehrer „kritikgeschädigt" sind. Sie haben meistens noch ein gesundes Selbstvertrauen. Dies hängt sicher mit der noch nicht so differenzierten Kritik- und Selbstkritikfähigkeit zusammen, aber auch mit einem noch ungestörten Urvertrauen. Für manchen Erwachsenen kann es sogar hilfreich sein, sich an die lampenfieberfreien Auftritte als Kind zu erinnern. Kinder können allerdings durch Übertragung von Ehrgeiz nervös gemacht werden, wie dies nicht selten bei Wettbewerben wie „Jugend musiziert" zu beobachten ist. Trotzdem handelt es sich dabei eigentlich nicht um Lampenfieber, sondern eher um eine Beunruhigung durch andere.

Menschliche Reaktionen sind in der Regel zuverlässig, wenn sie nicht gestört werden. Ein Kind wird normalerweise denken (und sagen): „Ich kann das Stück. Wieso sollte ich denn stecken bleiben?" Die meisten Kinder improvisieren im Rahmen ihrer Möglichkeiten auch weit unbefangener als Erwachsene. „Klassisch" ausgebildete Musiker dagegen weigern sich oft, auch nur ein paar Töne zu improvisieren – aus Angst um ihren Eindruck bei anderen. Sie fühlen sich ungeschützt, wenn sie sich mit einer nicht durch andere abgesegneten, sondern spontan erfundenen Musik „outen" sollen.

Ungefähr ab dem 11. Lebensjahr setzt meist ein Bewusstseinsschub ein: Man sieht sich nicht mehr so ausschließlich selbstzentriert von innen, sondern auch zunehmend von außen, im Spiegel der anderen. Wenn es gelingt, ein Kind über diesen Bewusstseinswechsel hinüberzutragen, braucht es später keine „Angst vor der Angst" zu entwickeln.

2. Gewöhnung

Die Entwicklung der Stärke des Lampenfiebers hat beim Erwachsenen keine erkennbare Korrelation zum Lebensalter. Jedoch stellt sich bei den meisten Instrumentalisten und Sängern durch eine gewisse Regelmäßigkeit von öffentlichen Auftritten ein positiver Gewöhnungseffekt ein. Wenn ein Künstler nur ganz selten auftritt, kann er ziemlich bittere Erfahrungen mit dem Lampenfieber machen. Das Lampenfieber trifft ihn dann unvorbereitet – wie eine höhere Gewalt. Vielleicht bleiben ihm dann nur hilflose Suggestionsstrategien wie: „Ich stelle mir das Publikum in Unterwäsche vor." Solche Strategien gehen aber am Kern der Sache vorbei. Es gelingt so nicht, eine Balance zwischen innen und außen herzustellen und das zu erzeugen, was man „Projection" nennt, die bewusste und gezielte Ausstrahlung auf das Publikum, die nur entstehen kann, wenn zwischen beiden ein musikalischer Dialog stattfindet. Wenn überhaupt wird auf diese Weise allenfalls der „Fluchtimpuls" kaschiert, nicht aber der „Angriffsimpuls" provoziert.

Es gibt genügend Beispiele von hochinteressanten und bedeutenden Musikern, die wegen ihrer so seltenen Auftritte an einem unerträglichen Lampenfieber litten bzw. leiden – bis hin zum Abbruch ihrer öffentlichen Konzertkarriere. Der Grund hierfür liegt nicht nur an den wenigen Auftritten, sondern auch an einem mangelnden „Lampenfieber-Management".

3. Lampenfieberkurven

Lampenfieber kommt in Wellen, die ganz unterschiedlich verlaufen. Bei manchen Menschen erreicht es seinen Höhepunkt kurz vor dem Auftritt und verschwindet nach den ersten Tönen. Bei anderen ist der Anfang eines Auftritts schwer belastet mit der ganzen Skala der bekannten Symptome wie Zittern, Gedächtnislücken, trockener Gaumen, kalte Hände etc. Bei wiederum anderen kommt es zu panikartigen Anfällen oft Tage vor einem Konzert. Diese Anfälle können so stark sein, dass konkrete psychosomatische Störungen auftreten. So berichtete ein Orthopäde, dass eine Pianistin immer wieder kurz vor einem geplanten Auftritt mit Sehnenscheidenentzündung zu ihm kam, ohne dass diese etwa auf ein „overuse-syndrome" zurückzuführen war.

Manche Künstler sind geradezu glücklich (wenn auch „gespalten") über Lampenfieber, das sie am Morgen eines Konzerts überfällt: Sie haben die Beobachtung gemacht (die sich auch als „self-fulfilling prophecy" bezeichnen lässt!), dass dann das Lampenfieber beim Auftritt selbst umso schwächer, sozusagen schon „abgegolten" ist. Solche Feststellungen gehören in den großen psychologischen Bereich rituellen Verhaltens, denn rein physiologisch ist eine derartige Verknüpfung sicher nicht stichhaltig erklärbar.

Das Wissen um die Wellenform des Lampenfiebers hat eine beruhigende Wirkung. Nach einem Konzert geht die Lampenfieberwelle in den meisten Fällen ganz zurück und weicht oftmals dem schönen Gefühl, etwas Gutes geleistet zu haben (verbunden freilich mit dem völlig lampenfieberfreien Wunsch der sofortigen Aufarbeitung von nicht ganz gelungenen Einzelheiten!). Man blickt mit einem gewissen Stolz, mit einem Gewinn an Selbstbewusstsein zurück – nicht nur auf das Konzert, sondern auch auf die Anfechtungen des Lampenfiebers, auf die durchgestandene und gemeisterte Angst. Nach dem Konzert erscheint die große Aufregung vor dem Konzert manchmal geradezu als lächerlich, fast unbegreiflich: „War das nötig?"

Diesen Nachher-Zustand kann ich mir schon vor einem Konzert gefühlsmäßig verdeutlichen. Ich kann sogar noch weitergehen und mir das übernächste Konzert vorstellen, vor dem ich ja im Augenblick nicht die geringste Angst habe! Ich weiß, es sind Lampenfieberwellen und sie gehen eben als Wellen auch wieder zurück. Im „Futur II" die Fragen zu stellen „Wie werde ich mich nach dem Konzert fühlen?" oder „Wie werde ich hinterher auf das Konzert zurückblicken?", stabilisiert schon vor einem Konzert das Selbstgefühl und baut Angst ab, indem es eine nüchterne Objektivierung des psychischen Prozesses fördert. Es gibt Leute, die sich schon vor dem Konzert vorstellen, welchen Wein sie bei der Nachfeier trinken werden. Einen ähnlichen Effekt hat auch der Einsatz des „Plusquamperfekts" mit der Frage: „Was kümmert mich denn heute das Lampenfieber, das ich vor dem letzten Auftritt hatte?" Es erscheint ziemlich gegenstandslos und bekommt dadurch genau den Stellenwert, den es verdient!

Schließlich gibt es auch während eines Auftritts Wellen des Lampenfiebers. Dies kann einerseits sehr unangenehm sein. Der Grund liegt manchmal in äußeren Störungen, meistens aber weit im Vorfeld des Konzerts, bei einer Lücke in der Vorbereitung. Die Frage: „Wie geht es weiter?" darf eigentlich gar nicht auftauchen; sie ist kontraproduktiv, geradezu gefährlich, da sie eine Gedächtnislücke als reale Möglichkeit erscheinen lässt.

Die Wellenform des Lampenfiebers beim Spiel kann andererseits aber auch zu einem sehr konstruktiven Verhalten genutzt werden: Einen Moment, in dem ich mich glücklich, technisch vollkommen sicher, musikalisch ausdrucksstark fühle, sollte ich ganz tief in mein Gedächtnis eingraben. Diesen Moment, am besten verstärkt durch einen selbst gewählten „Anker" (z. B. „ich schwebe!"), kann ich zu einem späteren Zeitpunkt als Ausgangspunkt für den erstrebten Zustand jederzeit imaginieren.

Solche ganz natürlichen wellenförmigen Zyklen (wie z. B. Schlafen – Wachen, frisch – müde, Hunger – Essen etc.) sind, zur Beruhigung sei diese Trivialität erwähnt, allen Menschen gemeinsam. Der Gedanke, dass es sich um einen vollkommen natürlichen Prozess handelt und nicht um einen nur mir eigenen Zustand, ja womöglich Dauerzustand, wirkt stabilisierend und beruhigend. Ich brauche davor also keine Angst zu haben – auch wenn die wechselnden Phasen unterschiedlich angenehm sind.

Fazit

- Kinder haben kein Lampenfieber. Also: Sich in kindliches Gemüt hineinversetzen und sich an Auftritte aus der Kinderzeit erinnern!
- An Lampenfiebersituationen kann man sich gewöhnen.
- Lampenfieber kommt in Wellen. Wellen akzeptieren!
- Gute Momente während des Auftritts in der Erinnerung verankern!
- „Futur II" anwenden: „Wie fühle ich mich nach dem Konzert?" – Ohne Lampenfieber!

IV. Künstler und Hörer als System

1. „Moloch" Publikum

Lampenfieber entsteht nicht durch äußere Einwirkung, sondern mental, durch Vorstellungen: „Der oder jener könnte denken…; der Herr Soundso vertritt eine extreme Stilrichtung, deren Befolgung allein sein Urteil bestimmt…; ich könnte hängen bleiben…; der Bogen könnte zittern…; die Intonation könnte aus dem Ruder laufen…" etc.

Eine Quelle des Lampenfiebers ist z. B. die Vorstellung, dass es eine feindliche Front zwischen Künstler und Publikum gibt, wobei dem Publikum die Rolle des (gnadenlos) „objektiven" Beurteilers zugewiesen wird. So lauert dann die Angst, dem „Moloch" Publikum nicht gewachsen zu sein.

Wenn ich mir nun stattdessen die Situation eines Auftritts als ein System vorstelle, das keine Fronten, sondern Interaktionen erzeugt, bei denen ich selbst der „primus inter pares" bin, ein System von Schwingung und Resonanz, verschiebt sich der Blickwinkel – weg von der Konfrontation hin zu einem Kommunikationsverhältnis. Resonanz kann bis hin zu körperlichem Mitvollziehen der von mir vorgegebenen „Schwingungen" seitens des Publikums gehen, bei der sich Menschen sogar sichtbar leicht bewegen (dieser Effekt ist als „Carpenter-Effekt" bekannt). Manchmal wogt eine Zuhörerschaft fast wie ein Ährenfeld, wenn eine bestimmte Musik entsprechend dargestellt wird. Die Resonanz des Publikums wiederum wird auf mich selbst rückgekoppelt; ich erlebe sie, greife sie in meinem Spiel auf. Eine solche Resonanz entsteht aber nur, wenn ich dieses System gedanklich bejahe, statt mich dem Publikum „zum Fraß" vorzuwerfen. Das heißt: Ich darf nicht die defensive Frage ihr Unwesen treiben lassen: „Bin ich gut genug?" Also: Kommunikation statt Konfrontation!

Hier sind Bilder – „Anker" – für die Vorstellung hilfreich: Statt den dunklen Zuschauerraum in Gegensatz zu dem hellen Scheinwerfer, der auf den Künstler gerichtet ist, zu setzen, kann ich einen Lichtkegel oder – je nach Neigung – ein gemeinsames Magnetfeld, die gemeinsam geatmete Luft, einen gemeinsam eingeatmeten Duft imaginieren, der beide „Fronten" umschließt und sie zum ganzheitlichen System macht: Wir sind ein Regelkreis-System, umschlossen vom gleichen Raum. Dieses System bedeutet ein Aufbrechen der Isolation. Wir gehören zusammen: der Hörer und ich. Insofern bin ich schon rein funktional nicht mehr allein.

2. Das einzelne Individuum

Das Publikum besteht aus lauter einzelnen Individuen. In einem „normalen", also nicht durch Lampenfieber „aufgeheizten" Zustand würde ich den einen Menschen mehr, den anderen weniger sympathisch finden. Mit manchen würde ich mich gerne unterhalten, mit anderen weniger gerne. Dieser banale Sachverhalt scheint durch die Ausnahmesituation eines Konzerts plötzlich nicht mehr gegeben. Ich möchte von allen anerkannt, geliebt werden; dies ist aber nicht möglich – weder im alltäglichen sozialen Miteinander noch im Ausnahmegeschehen eines Konzerts. Der Wunsch, allen zu gefallen, behindert mich in der Charakterisierung meiner Musik, der zunächst einmal mich selbst überzeugenden, subjektiven Darstellung meines musikalischen Erlebens und Kommunizierens eines musikalischen Kunstwerks. Allen gleich gefallen zu wollen, vermindert die Fähigkeit, die meisten zu überzeugen – ein Paradox, das man sich durchaus „zur Beruhigung" immer wieder bewusst machen sollte. Hier muss auch die Frage erlaubt sein: Hat das Publikum dieses speziellen Konzerts, gar jeder einzelne Hörer in diesem Publikum, wirklich die Kompetenz, mir zu bescheinigen, was „richtig" und was „falsch" ist, was ich also tun müsste oder hätte tun sollen?

Ich muss (nicht nur) als Künstler die Tatsache anerkennen, dass Menschen unterschiedlich empfinden. Jeder sieht und hört durch seine persönliche „Brille", mit seiner persönlichen Gewichtung der einzelnen Parameter. Man kann die sinnliche Wahrnehmung des einzelnen Hörers mit einer polarisierten Brille vergleichen, die eben nur eine bestimmte Schwingungsebene des Lichts durchlässt. Es ist deshalb selbstverständlich, dass meine bestimmte Art des Empfindens – im doppelten Sinne des Worts „bestimmt", nämlich sowohl in der Bedeutung „klar definiert" wie auch „von mir persönlich autorisiert" – nicht jeden Hörer zur vollen Resonanz bringen kann. Insofern ist auch die Meinung sowohl des einzelnen Hörers als auch des Publikums als Gesamtheit nicht „objektiv", sondern eben nur „statistisch" zu verstehen. Es bleibt mir überlassen, in welchem Maß ich mich nun dieser Statistik anpasse oder unterordne – oder sie positiv zu beeinflussen versuche.

Die Gründe für eine möglicherweise negative Reaktion eines Einzelnen können wiederum außerordentlich vielschichtig sein. Vielleicht entspringt sie ja wirklich nur dem persönlichen Geschmack: Ein bestimmter Hörer hat eben einfach andere Hörerfahrungen (Frage eines Hörers z. B. nach einem Bach-Abend: „Warum spielen Sie die Courante so schnell?"). Woher er seine Vorstellung hat, kann ich nicht wissen. Möglicherweise hat er sein Bild dieser Musik von irgendeinem Tonträger eines mir in der Auffassung völlig konträren Kollegen oder sein Urteil basiert auf seinem eigenen, vielleicht technisch begrenzten Bemühen. Will ich mich wirklich ausgerechnet von dessen Meinung abhängig machen?

Natürlich sind wir alle bis zu einem gewissen Grad von Ansichten anderer über uns abhängig. Wir sind soziale Wesen und was wir geworden sind, sind wir in der Vernetzung mit anderen geworden. Wir alle brauchen deshalb eine von außen kommende Bestätigung unseres Selbstbewusstseins. „Die anderen" spielen beim Aufbau unseres Selbstbewusstseins eine Rolle. Wer aber sind „die anderen"? Hier habe ich durchaus die freie Wahl zu entscheiden, wer mir wichtig ist und wer nicht. Statt sich vorzunehmen: „Die Leute sind mir egal, das Publikum besteht aus lauter Kohlköpfen" (eine landläufige Lampenfieber-Hilfsvorstellung, die kaum je erfolgreich ist und auch nicht inspiriert!), ist es besser zu sagen: „Es ist mir wichtiger, diese bestimmte Person mit meiner Kunst zu erreichen als jene andere Person."

Es kann deshalb außerordentlich hilfreich sein, sich beim Spielen auf dem Podium eine einzelne – mir wohl gesonnene – Person vorzustellen, die entweder real im Konzert anwesend ist oder zumindest sein könnte, für die ich spiele, von der ich „weiß", dass sie auf meine Art des Musizierens positiv reagiert. Es kann auch jemand Fremdes im Publikum sein, an dessen Mimik und Körpersprache ich bei gelegentlichem Hinschauen den „Resonanzeffekt" ablesen kann. Der Autor erinnert sich an einzelne Personen, mit denen er nie ein Wort gesprochen hat, die ihm aber durch ihre körpersprachliche Reaktion geradezu einen Selbstvertrauensschub bei einem wichtigen Konzert gegeben haben – eine Wirkung, von der sie selbst nie in ihrem Leben erfahren haben.

Umgekehrt gibt es auch eine eigenartige negative „Attraktivität", die ein Zuhörer bzw. Zuschauer, der durch seine Mimik und Gestik Ablehnung signalisiert, auf den Spieler ausüben kann. Hierfür sei eine beispielhafte Episode erwähnt: Ein Zuhörer sitzt mit äußerst griesgrämigem Gesicht im Konzert. Der Blick des Künstlers schweift, wenn auch sehr selten, zu ihm, aber die Gedanken kommen nicht von ihm los. Es scheint hoffnungslos zu sein, ihn musikalisch je zu erreichen. Nach dem Konzert kommt just dieser Zuhörer zum Künstler, um ihm seine Begeisterung mitzuteilen und zu sagen, dass er sein furchtbares Zahnweh dabei fast vergessen hätte! Der Autor wurde vor vielen Jahren anlässlich einer solchen Episode zu einem selbstironischen Gedichtchen (*Der Kenner*) inspiriert, das im Anhang wiedergegeben ist.

3. Was nimmt der Hörer wahr? – Interpretatorische Aspekte

Zum Thema Lampenfieber drängt sich unabweisbar folgende Frage auf: Was fällt dem Hörer überhaupt auf? Was erreicht sein Ohr, was seine Wahrnehmung? Was soll er hören? Bezieht sich mein Lampenfieber auf meine Wahrnehmung meines eigenen Spiels oder auf die vermutete des Hörers? Denn der Hörer nimmt nicht unbedingt das Gleiche wahr wie der Spieler. Und: Jeder Hörer nimmt etwas anderes wahr!

Jeder Musiker weiß, dass der gedruckte Notentext nicht die Musik ist, dass die Musik sozusagen hinter oder zwischen den Noten steht. Wir müssen noch einen großen Schritt über diese allenthalben bekannte Plattitüde hinausgehen: Der Hörer erlebt nicht nur vieles, was nicht in den Noten steht, sondern sogar die – richtig verstandene! – gestaltete und schließlich sogar improvisierte Abweichung von dem, was in den Noten steht.

Ausgangsbasis interpretatorischer Arbeit ist natürlich zunächst das genaue Lesen eines Notentextes bzw. das Entschlüsseln (möglichst in einer erstklassigen Urtextausgabe). Bevor ich nicht wirklich weiß, was dasteht, kann ich niemals von einer Interpretation des Textes sprechen.

Allerdings ist zwischen Texttreue und Werktreue scharf zu unterscheiden: Der gedruckte Text kann die Musik verschleiern, verzerren, ja er blockiert sie geradezu, wenn man nicht gelernt hat, ihn als die fast beschwörende Aufforderung eines Komponisten zu lesen: Der Interpret möge doch versuchen, den schöpferischen Zustand beim Komponieren nachzuempfinden, mitzugenießen oder mitzuleiden, also seinen Text in

Was nimmt der Hörer wahr? – Interpretatorische Aspekte

seiner Mitteilung zu verstehen, seine Bedeutung zu erfühlen. Solange ich keine Idee habe, warum dieses Stück, dieses Werk überhaupt entstanden ist oder zumindest entstanden sein könnte, kann ich nicht von einer Interpretation sprechen. Und: Solange ich nicht im Besitz einer eigenen Idee bin, also Herr der Musik, fühle ich mich unsicher. Durch diese Unsicherheit des Konzepts schleicht sich Lampenfieber ein und die Musik droht mangels Deutlichkeit und Stringenz auseinander zu fallen.

Interpretation ist nicht Texttreue, sondern Ideentreue. Eine Idee muss ich mir erarbeiten, damit ich sie interpretieren kann. Der Akzent ruht hier auf: Ich! Im Interesse meiner Interpretation darf es keine Verbotsschilder geben, keine einengenden Vorgaben, die mich an einer persönlichen Interpretation hindern – natürlich auf der Basis einer möglichst umfassenden Kenntnis von Wesen, Stil und Struktur des Werks.

Ein musikalisches Kunstwerk bekommt in dem Moment, wo es der Allgemeinheit durch Veröffentlichung zugänglich gemacht wird, eine eigene Identität, durch Interpretation und Rezeption eine eigene Biographie. Der Komponist selbst wird möglicherweise ein Werk, das er vor 20 Jahren geschrieben hat, heute anders empfinden, vielleicht Einzelheiten vergessen haben. Und er wird es heute, wenn er selbst Interpret ist, wahrscheinlich anders interpretieren als damals. Es gibt genügend Interpretationen von Komponisten, die ziemlich weit von den eigenen Aufführungsangaben abweichen, seien es Metronomzahlen oder dynamische oder rhythmische Gestaltungselemente. Ein Komponist ist nicht in dem Augenblick ein steinernes Monument, in dem er eine Komposition abgeschlossen hat. Auch die Komposition ist nicht in Stein gehauen: Sie wird durch Menschen zum Leben erweckt und unterliegt der natürlichen menschlichen Unschärfe, der natürlichen Blickwinkelveränderung im Laufe einer künstlerischen Entwicklung, auch wenn der Komponist selbst ihr Interpret ist! Von J. Brahms wird berichtet, dass er von seinen Kammermusikpartnern einmal darauf hingewiesen wurde, dass bei der letzten Probe ein anderes Tempo gespielt worden war. Brahms daraufhin unwirsch: „Bin ich heute derselbe wie gestern?"

So ist es nicht verwunderlich, ja noch nicht einmal bedauerlich, dass wichtige musikalische Gestaltungsfelder in der Notenschrift sich jeglicher Notierbarkeit entziehen. Im Folgenden werden einige Parameter aufgezeigt, in denen ein Musiker die Freiheit interpretatorischen Verständnisses, interpretatorischer Deutung ausschöpfen kann, ja ausschöpfen muss, ohne Angst haben zu müssen, gegen „Texttreue" zu verstoßen. Denn je größer der freie gestalterische Spielraum, desto geringer ist die Angst, einen „Fehler" zu machen, und desto weniger kann daher das Lampenfieber den Auftritt beschädigen.

3.1 Dynamik

Dynamik ist genau genommen nicht aufschreibbar. Was „forte" und was „piano" ist, ist immer aus dem Zusammenhang heraus zu entscheiden, sowohl in horizontaler Richtung (Melodie, Linie) als auch in vertikaler Richtung (Akkorddisposition, Ensemblebalance). Die spärlichen Möglichkeiten zur Beschreibung eines akustischen Klangverlaufes – „cresc.", „dim." oder gar gedruckte dynamische Gabeln – führen eher zu Missverständnissen.

Max Reger gibt schöne Beispiele für die Unmöglichkeit, dynamische Verläufe genau zu notieren. Er schreibt häufig gleichzeitig Gabeln für „cresc." und „dim.", was ja eigentlich akustischer Unsinn ist. Er will damit aber zeigen, dass eine größere Crescendo-Entwicklung in kleineren Wellen verläuft, von denen jede ein kleines Diminuendo aufweist. Und wenn Robert Schumann gar über einen einzigen Klavierakkord eine Crescendo- und eine Diminuendo-Gabel schreibt, kann dies nur dem expressiven Sinne nach, nicht aber als akustische Anweisung verstanden werden!

3.2 Rhythmus und Zeitgestaltung

Im rhythmischen Bereich sieht es auch nicht viel „besser" aus: Niemand kann genau metrisch spielen. Der Musikphysiologe Christoph Wagner hat mit interessanten Versuchen bewiesen, dass die größte von Profimusikern erreichbare rhythmische Präzision (d.h. die kleinste erreichbare Abweichung vom mathematisch genauen Wert in einer Schlagfolge) mindestens drei Prozent beträgt, eine beachtliche Größe, die in einem einzigen 4/4-Takt immerhin zu einer Fehlertoleranz von (ungefähr) einem 32tel führt. Das „Ideal" des Metronoms ist also, genau genommen, gar nicht darstellbar. Auch der Lehrer, der einen Rhythmus klatscht oder klopft, gibt schon (genauere oder ungenauere) rhythmische Schlagfolgen außerhalb des Metronoms vor.

In dem Experiment von Christoph Wagner hat sich gezeigt, dass in dem Augenblick, in dem der Rhythmus „musikalisch" verläuft (vielleicht mit einer Andeutung eines Schwer-leicht-Gefälles verbunden mit Dynamik), sich die „Abweichungen" zu rhythmisch und musikalisch sinnvollen Gruppen zusammenfügen, zu (graphisch ausgedrückt) flachen rhythmischen Bögen, die als rhythmisch recht stabile Gebilde erscheinen und – im Gegensatz zum metronomischen Spiel – „verstehbare" musikalisch-ästhetische Eigenschaften aufweisen.

Pointiert ausgedrückt: Nur in Abweichungen vom „mathematischen" Rhythmus kann Musik entstehen. Metronomische Musik hingegen zerbröselt: Es bilden sich keine rhythmischen Bögen heraus, zu denen ein Spieler oder Hörer „schwingen" kann. Denn die auch beim „metronomischen" Spiel unvermeidbaren kleinen Abweichungen sind hier rein zufallsbedingt, beliebig und damit musikalisch sinnlos. Der Hörer nimmt dies als schlechte Eigenschaft „irgendwie" wahr, auch wenn er die Ursache gar nicht beschreiben kann. Eine metronomische Schlagfolge ist tot. Da keine Spannung zwischen den Schlägen aufgebaut wird, entsteht beim Hörer auch keine Erwartung einer solchen Spannung und damit keine ästhetisch wirksame „Erwartungsspannung". Die Musik geht ihn nichts mehr an.

Rhythmus entsteht als lebendiger, also (graphisch ausgedrückt) „kurviger" Puls, der seine künstlerischen „Unregelmäßigkeiten" von Parametern herleitet wie Akkordspannung, Intervallspannung, Phrasierung, Struktur, Dynamik, Deklamation, Rhetorik. Wo Sensibilität für all diese Parameter fehlt, bricht auch der Rhythmus zusammen.

Dies bedeutet: In der künstlerisch gestalteten Abweichung von mathematisch-metronomischen Werten manifestiert sich sowohl Freiheit als auch Bestimmtheit der Interpretation. Dies bringt einerseits Spielraum und andererseits Sicherheit in die Darstellung und damit größere Unabhängigkeit vom Lampenfieber.

3.3 Das Zeitfenster

Das, was wir als „jetzt" erleben, ist ein „Zeitfenster" von zwei bis drei Sekunden Dauer, wie der Psychologe Ernst Pöppel eindrucksvoll dargestellt hat. Die meisten sprachlichen und musikalischen Mitteilungen werden in einer Folge solcher Zeitfenster verständlich. Man könnte das Zeitfenster auch als die Standardzeit bezeichnen, die ein Mensch für eine sinnvolle, geplante und ausgeführte Handlungseinheit benötigt. Eine Handlungseinheit ist auch eine Wahrnehmungseinheit, als Zeiteinheit einer nur in der Vorstellung (das kann auch Beobachtung sein) erlebten Handlung. Einige Beispiele: Ich gehe zu einem Tisch und nehme ein Buch in die Hand. Ich steige in ein Auto. Ich nehme einen Schluck aus einem Glas.

Ich schreibe einen Satz auf der Schreibtastatur. Ich spiele eine kurze Phrase eines Musikstücks. Alle diese Handlungen spielen sich in dem Zeitfenster von ungefähr zwei bis drei Sekunden ab. Zu schnell Gesprochenes („Abgelesenes"), aber auch zu langsam Gesprochenes verliert an Verständlichkeit, da es dieses Zeitfenster nicht berücksichtigt.

Angst verkürzt, ver„engt" dieses Zeitfenster. Die biologische Funktion von Angst ist, schnellstmöglich, quasi ohne jede Planung, reflektorisch auf Gefahren zu reagieren. Dies bedeutet, dass mir – in der „Angstform" des Lampenfiebers – für vorbereitende Aktionen, emotional und als Spielbewegung, zu wenig Zeit zur Verfügung steht, um sinnvolle Handlungseinheiten vorauszuplanen und zu erleben.

Aber auch der Hörer braucht Zeit, um mich zu verstehen. Meine Frage bei der Zeitgestaltung heißt: „Lieber Hörer, verstehst du mich denn auch? Ich gebe dir Zeit für dieses Verständnis!" Hierbei ist der Hörer auf syntaktische Gliederung und Interpunktion meines Spiels angewiesen. Für ihn gilt das Zeitfenster folglich ebenfalls: Ein aus Zeitmangel nicht gegliedertes, nicht interpunktiertes Spiel bleibt unverständlich und wird dadurch langweilig.

Ein strikt metronomisches Spiel verzichtet sowohl auf die Gliederung meiner eigenen Aktionen, die ja in Wahrnehmungs- und Handlungs-„Chunks" (also in sinnvoll aufeinander bezogene Teile) organisiert sind, als auch auf deren Wahrnehmung durch den Hörer. Um musikalisch verständlich zu sein, muss auch dem Hörer Gelegenheit gegeben werden, seine Eindrücke in solchen Zeitfenstern zu ordnen und zu organisieren, damit es ihm möglich ist, sie als aufeinander bezogene, miteinander verknüpfbare Einheiten zu erkennen, zu einem musikalischen Sinn zusammenzufügen und zu verstehen. Man kann dies ganz leicht ausprobieren, indem man eine bekannte Melodie, wie z. B. „Alle Vögel sind schon da", so singt oder spielt, dass der zweite Halbsatz („alle Vögel, alle") zu früh eintritt. (Dieses „zu früh" entspricht der nervösen Verkürzung des Zeitfensters.) Wenn man hingegen diesen Teil minimal zu spät eintreten lässt, entsteht automatisch eine bessere Verständlichkeit und selbst bei einem solch simplen Beispiel ergibt sich eine deutliche Steigerung des Ausdrucks der ganzen Phrase.

Praktisch bedeutet dies, dass der Hörer mehr Pausen und – nach größeren Abschnitten – auch größere Pausen braucht als der Spieler, um die Musik durch Interpunktion syntaktisch nachvollziehen zu können: Musik zu verstehen heißt, Vergangenes mit Gegenwärtigem zu verknüpfen, um Erwartung für Zukünftiges daraus zu erzeugen. Auch der Hörer braucht Zeit, um Vergangenes auf sich wirken zu lassen.

Syntaktische Gliederung zum Zwecke der Verständlichkeit vollzieht sich in hohem Maße über den Parameter der Zeitgestaltung. Solche „syntaktische Pausen" müssen und sollten meist auch nicht einfach „addierte Zeitwerte" innerhalb eines ansonsten völlig gleich bleibenden Tempos sein, sondern können durch eine kleine Dehnung des Tempos entstehen. Die Zeit wird etwas auseinander gezogen, fast als ob man einen Luftballon aufbläst und damit das aufgedruckte Muster gleichmäßig dehnt.

Interpunktion kann man auch als „musikalischen Atem" verstehen, durch den sinnvolle Gliederung entsteht: Man muss zwischen musikalischen Ereignissen „atmen" dürfen, wobei atmen hier auch als Metapher für kleine Gliederungspausen zu verstehen ist. Dem steht bei manchen Spielern oft eine gänzlich unbegründete Angst vor „Zerstückelung" entgegen. Hier handelt es sich um die leider weit verbreitete Verwechslung von rein akustisch-physikalischer „Pausenhaftigkeit" mit einem musikalisch-psychologischen, durch kleine Pausen artikulierten Klangverlauf. Eine akustische „Zerstückelung" als artikulatorische Gliederung kann sehr wohl eine syntaktische, expressive Verknüpfung bedeuten! Hierfür ein sprachliches

Beispiel: Das Wort „Mutter" wird ausdrucksvoller ausgesprochen, wenn vor dem ersten „t" eine kleine Staupause liegt.

Ich habe also einen beachtlichen Spielraum an Zeitgestaltung, der dem Lampenfieber gegensteuert, sowohl beim Üben als auch im Konzert. Es steht immer eine kleine Pufferzone zwischen zwei Tönen zur Verfügung! Es ist erstaunlich, wie viel Zeit ich mir nehmen kann, um musikalische Ereignisse zu gliedern, um in mein Spiel „Atem" und Interpunktion zu bringen. Allein schon die Ausgestaltung eines Akzents erfordert in den meisten Fällen eine kleine Verzögerung. Auf der Orgel, auf der der einzelne Tonverlauf nicht beeinflussbar ist, stellt dies geradezu das künstlerische Standardmittel zur Gestaltung eines Akzents dar.

Dieses aktiv und bewusst Zeit gestaltende Verhalten kann Lampenfieber in künstlerische Energie umformen. Es setzt allerdings eine Grundhaltung voraus: Ich muss den Hörer wirklich in die Spielszene einbeziehen, ich muss ihm etwas erzählen wollen. Ein völlig automatisch, womöglich metronomisch „abschnurrendes" Spiel erreicht ihn nicht, weil er mich nicht versteht. Der Verzicht auf diesen Zeitspielraum ist auch für meine „Performance", ja meine technische Leistung selbst gefährlich: Wenn ich den Zeitspielraum nicht nutze, den ich bei einer freien Rede selbstverständlich in Anspruch nehme, bewege ich mich „auf dünnem Eis", das bei der kleinsten Störung einbrechen kann. Ich beschneide dadurch geradezu mutwillig meine eigene Souveränität, liefere mich quasi dem „Richtig-falsch"-Automatismus des Metronoms aus und provoziere dadurch die – berechtigte – Angst, diesem Zwang technisch nicht zu genügen.

Am oben angeführten Beispiel des Volkslieds lässt sich zeigen, dass die Verkürzung des Zeitfensters meistens mit der Versuchung einhergeht, das nächste musikalische „Ereignis" zu früh zu bringen. Dem lässt sich schon beim Üben begegnen: Man kann den Vorsatz fassen, sich grundsätzlich viel Zeit zu nehmen und neue musikalische Einheiten so spät wie möglich zu beginnen – zu einem Zeitpunkt also, der von einem schwingenden, atmenden Puls, von der Intervallspannung und von der harmonischen Spannung diktiert wird –, so spät, wie man es gerade noch „musikalisch verantworten kann". Die musikalische Phrase selbst kann dann je nach Zusammenhang und Charakter durchaus auch in einer minimalen Beschleunigung verlaufen, die am Phrasenende in eine ebenso unmerkliche Verlangsamung übergeht. Dieses Verhalten ist unabhängig von der Wahl eines schnelleren oder langsameren Grundtempos. Es setzt allerdings voraus, dass der rein technische Ablauf eines Werks, einer schweren Stelle, rhythmisch flexibel zur Verfügung steht[1].

Wenn dieses künstlerische Übeverhalten zur Selbstverständlichkeit geworden ist, steht mir rhythmische Souveränität auch auf dem Podium spontan zur Verfügung. Sie verbreitert mein „Jetzt-Gefühl". Ich benötige diese Verbreiterung oder – genauer – zeitliche Verlängerung, um Harmonie in meine Spielbewegungen zu bringen. Ein breites Zeitfenster gibt mir Spielraum, übernächste Ereignisse rechtzeitig und ohne Nervosität vorzubereiten. Meine Bewegungen sind dann nicht die Folge von blitzartigen, zu spät gefällten, aber letztlich doch „zeitraubenden" Entscheidungen, die nicht nur nervös klingen, sondern auch nervös machen.

In diesen Zusammenhang gehört auch die Ausgestaltung von Ritardandi, z. B. an Phrasenenden, aber auch Accelerandi bei Erregungssteigerungen. Beide Gestaltungsmittel sind selten Gegenstand künstlerischen Übens – man macht „halt ein Ritardando". In Wirklichkeit bedarf es einer Anzahl vergleichender Wiederholungen, verknüpft mit inspirierter Aufmerk-

---

[1] Dies wiederum wirft Fragen effektiven Übens auf, wie sie z.B. in G. Mantel: *Einfach üben – 185 unübliche Überezepte für Instrumentalisten*, Mainz 2001, behandelt werden.

samkeit und strukturellen Überlegungen, um ein Ritardando so zu gestalten, das es den Hörer in größtmögliche Erwartungsspannung versetzt: Er muss neugierig gemacht werden, wie es weitergeht, wie es ausgeht – wie bei einem spannenden Krimi! Wer spannende Geschichten zu erzählen weiß, braucht keine Angst zu haben!

3.4 Tonansatz und Artikulation

Auch der gesamte Bereich des Tonansatzes und der Artikulation bietet nicht-notierbare Freiräume: Es haben sich durch die Jahrhunderte in unserer Notenschrift keine Zeichen entwickelt für harte oder weiche „Anfangskonsonanten" von Tönen. Bei einem Streichinstrument z.B. kann man, indem man das Alphabet durchgeht, für die meisten Tonansätze einen analogen Sprachlaut finden. Auch beim Blasinstrument gibt es eine Fülle verschiedener Ansatzmöglichkeiten. Tatsache ist, dass der gesamte Konsonantikbereich in der Musik, die ja eine Sprache ist, im Notenbild fehlt! (Die wenigen üblichen Zeichen wie *sfz* oder *fp* bezeichnen in Wirklichkeit bereits eher Tonverläufe als Tonkonsonanten, also Ansatzgeräusche.) Auch hier ist die ästhetische Entscheidung des Musikers gefragt; der Komponist hilft ihm jedenfalls kaum dabei. Der Spieler kann diesen Bereich natürlich dem Zufall, d.h. der Beliebigkeit überlassen – auch dies ist eine Entscheidung...

Wie lang ein Ton innerhalb eines festen rhythmischen Gefüges klanglich de facto auszuhalten ist, unabhängig von seiner rhythmisch notierten Länge, kann ebenfalls nur ganz ungenau notiert werden. Selbst die Unterscheidung von Punkt, Keil, senkrechtem oder waagrechtem Strich sowie Strich mit Punkt ergibt im Allgemeinen nur den Hinweis, dass der Komponist hier eine ganz spezifische Artikulation im Sinn hatte, nicht aber genau, welche. Nur die Phantasie, der Wille des Interpreten zur „Klangrede" (basierend auf stilistischer Kenntnis) kann die Antwort finden. Die Notierung eines Werts, etwa einer Viertelnote, stellt eine rhythmische, nicht unbedingt eine klangliche Zeitdauer dar. Diese im „klassischen" Unterricht meist verkannte Tatsache („Spiele, was dasteht") blockiert artikulatorisches Gestalten. C.Ph.E. Bach äußert sich in diesem Zusammenhang – für viele heutige Musiker verblüffend – folgendermaßen: Er empfiehlt in seinem *Versuch über die wahre Art, das Clavier zu spielen* einen einzelnen Wert nur zur Hälfte auszuhalten, die andere Hälfte sei dann eine Pause (dies gilt natürlich nicht in Legato-Verbindungen). Auch wenn man diese Empfehlung nur für den stilistischen Kontext der Musik seiner Zeit und auch nur als Annäherung versteht, so geht daraus doch ein sehr freier artikulatorischer Umgang mit der klanglichen Länge von notierten Notenwerten hervor!

Mir als Spieler steht ein jederzeit improvisiert zu gestaltender Spielraum zur Verfügung, den ich auch als Gegenmittel zum „zwanghaften", dem Lampenfieber schutzlos ausgelieferten „Richtig-Spiel" nutzen kann. Die Verwendung dieses Spielraums ist meine freie, willkürlichen Entscheidung.

3.5 Klangfarben

Ein weiterer bedeutender musikalischer Parameter entzieht sich ebenfalls jeder Notation: die Klangfarbe; auch sie ist nicht notierbar. Das wenige an Klangfarbenhinweisen, das z.B. beim Streicher etwa mit „sul tasto" o.Ä. markierbar ist, spielt in der Literatur so gut wie keine Rolle. Und doch: Welche Fülle von Vokalfarben, von changierenden Obertonspektren in allen Vokal- und Instrumentalbereichen haben wir zur Verfügung, um Musik klingen und sprechen zu lassen!

Viel wichtiger als das, was „orthographisch" dasteht, ist der Klang. Lampenfieber bezieht sich viel zu stark auf ein schlechtes Gewissen in Bezug auf das, was in den Noten steht, als auf das, was und wie es klingt, strömt, fließt, Energie und

Kommunikation erzeugt. Dies bedeutet, dass ich mich im spezifischen Einzelfall immer fragen muss, was eigentlich auffällt. Ein Beispiel: Der Komponist hat vielleicht einen großen Bindebogen geschrieben. Als Streicher kann ich ihn entweder genau befolgen oder – im „Gegensatz zum Text", jedoch in Übereinstimmung mit wahrgenommenen Ideen – den Bogen wechseln, wenn andernfalls die Gefahr besteht, dass der Klang „verhungert". Letzteres „fällt auf", der Bogenwechsel hingegen nicht – vor allem dann nicht, wenn der Streicher über einen guten Bogenwechsel verfügt. Außerdem muss ich immer noch die Entscheidung treffen, ob ich einen Bogen als (Legato-) Bindebogen oder als Phrasierungsbogen verstehe. Letzteres gilt im Übrigen nicht nur für Streicher!

Ich habe also einen riesigen „Spiel-Raum" zur Verfügung, den ich „nach Belieben" für meine eigene Interpretationsidee verwenden kann, ohne mich im Geringsten von der Idee des Komponisten zu entfernen! Diese mir selbst eingeräumte Kompetenz erhöht meine Sicherheit und Souveränität. Der Bereich, über den ich selbst verfüge, ist kaum anfällig für Lampenfieber: Selbst Erfundenes, selbst Geändertes steht mir viel sicherer zur Verfügung als von außen „drohend" Gefordertes!

Auf jedem Instrument gibt es bestimmte „Gebräuche", bis hin zu bestimmten Fingersätzen, die „man" eben macht, andere, die „verboten" sind, ohne dass jemand beim Hören genau sagen könnte, warum. Es kann nun sein, dass ein bestimmter Spieler besondere Voraussetzungen mitbringt, rein körperlicher Art, z.B. eine große Hand, die ein anderer eben nicht hat. Manche Fingersätze sind somit für den einen darstellbar, für den anderen nicht – aus welchen Gründen auch immer. In künstlerischen Dingen muss ich daher meine eigene „Moral" finden, allerdings auf der Basis der „Generalmoral": auf die dichtestmögliche Art mit dem Hörer zu kommunizieren, ihn in Resonanz zu mir zu versetzen.

Das heißt aber auch, dass man Kritik ertragen können muss, denn es wird immer jemanden geben, der sich von meiner Darstellung distanziert. Ich muss andere Auffassungen ertragen, denn ein anderer hat vielleicht eine andere Lernbiographie, setzt andere Prioritäten: Der eine genießt bei einer Bach-Suite eine mehr „romantische" Interpretation (was immer das sein mag, denn es ändern sich auch diese Definitionen im Laufe der Rezeptionsgeschichte!), der andere fordert eine strikte, „objektive" Darstellung – ein Begriff, der ebenfalls verschiedene Interpretationen zulässt.

4. Langeweile oder Risiko?

In dem System „Künstler – Publikum" soll psychische Energie freigesetzt werden – bei beiden. Es soll „etwas geschehen". Der Hörer kommt mit der Erwartung auf einen Wert, auf eine Erbauung, Bereicherung, Information, Unterhaltung, vielleicht Beglückung in ein Konzert. Er möchte sozusagen der „Resonanzkörper" des Spielers sein.

Alles, was langweilig ist, steht dem entgegen. Langeweile bedeutet, dass der Hörer eigentlich nicht (mehr) zuhört. Da Musik aber nicht im Ohr, sondern im Gehirn des Hörers existiert, findet eine langweilige Musik, obwohl Luft in Schallwellenform bewegt wird, sozusagen überhaupt nicht statt. Langeweile entsteht dann, wenn ein Musiker über keine Gestaltungsreserven verfügt. Ein „perfekt abschnurrendes" Musikstück, in dessen Verlauf beim Hörer weder Erwartung noch Überraschung aufgebaut wird, interessiert ihn nicht. Das bedeutet, dass ein Spieler einen ästhetischen und expressiven Freiraum erarbeiten muss, was fast einem Paradox gleichkommt, soll er doch andererseits den hierfür erforderlichen rein bewegungstechnischen Ablauf weitgehend „automatisch" beherrschen.

Die Bereitstellung eines solchen spontanen Freiraums scheint ein gewisses Risiko mit sich zu bringen, weil ihm die Sicherheit eines automatisierten Bewegungsvorgangs fehlt. Dieses Risiko muss ich als Künstler akzeptieren, wenn ich nicht Gefahr laufen will, meine Hörer zu langweilen.

Der Hörer, der ja selbst einen Wert (Zeit, Weg, Vorbereitung, Eintrittspreis) einsetzt, um in ein Konzert zu kommen, hat – so gesehen – ein Recht auf mein Lampenfieber. Es ist ein Teil des Wertes, für den er bezahlt. Mein persönliches Risiko darf ich als Teil des Werts meiner Interpretation für den Hörer betrachten. Denn ohne jedes Lampenfieber, das mit der schon erwähnten „Wichtigkeit" des Ereignisses und auch mit einer den Hörer faszinierenden Unwägbarkeit der Live-Situation einhergeht, wäre der Gegenwert geringer (er könnte sich ja auch eine CD auflegen). Der Hörer erwartet kein Konzert, das funktioniert wie eine Autowaschanlage, in die man eine Chipkarte schiebt.

Aber auch ich selbst kann unter diesem Blickwinkel das Lampenfieber als einen Wert für mich sehen, vorausgesetzt, es wird zum Stimulus und führt nicht zur Lähmung: Ohne Risiko keine spontane Kommunikation und daher auch kein Erfolg („Achtungserfolg" ist ja nicht mein Ziel)!

5. Innen- und Außenwahrnehmung

Im System „Künstler – Publikum" besteht zwar, wie schon erwähnt, im Idealfall ein Resonanzverhältnis, doch ist es wichtig zu wissen, dass erhebliche Unterschiede auftreten können zwischen meiner Selbstwahrnehmung und dem, was jeder einzelne Hörer an meinem Spiel wahrnimmt. Das musikalische Wertesystem innerhalb eines Werkes, das ich mir durch gründliche Vorbereitung und intensive Beschäftigung aufgebaut habe, ist dem Hörer zunächst weitgehend unbekannt. Es ist deshalb denkbar, dass ich in einem bestimmten Zusammenhang großen Wert auf ein ästhetisches oder technisches Detail lege, das dem Hörer – oder manchem Hörer – völlig entgeht, weil seine „Antenne nicht auf diese Frequenz" ausgerichtet ist. Umgekehrt erlebt man, dass einem Hörer ein bestimmtes Detail ungeheuer wichtig ist, das man selbst entweder gar nicht beachtet oder dem man keine große Bedeutung zugemessen hat.

Dieser manchmal gravierende Unterschied zwischen Eigenwahrnehmung und Fremdwahrnehmung tritt eindrucksvoll bei der Betrachtung einer Videoaufnahme des eigenen Spiels zutage. Fast immer sind Überraschungen in Bezug auf Wichtigkeiten zu erleben: Ein beim Spiel als fast misslungen erlebter Moment fällt mir vielleicht überhaupt nicht mehr auf und eine bisher nicht beachtete Einzelheit stört mich plötzlich. Eine vermeintlich intensiv gestaltete Spielgeste bleibt bei der objektiven Beobachtung weit hinter meinen Erwartungen zurück, während eine andere schon fast übertrieben erscheint.

Es geht also beim Lampenfieber um wichtige Wahrnehmungsbalancen:
- Ich muss die Wahrnehmung meiner selbst und die angenommene Wahrnehmung durch andere in eine Balance bringen. Hierfür gibt es keinen „Trick": Es läuft auf die sokratische Formel „Erkenne dich selbst" hinaus.
- Ich muss die Wahrnehmung meiner selbst und meine Wahrnehmung des Publikums in einen Zusammenhang bringen. Bei exzessivem Lampenfieber entsteht ein Missverhältnis zwischen innen und außen. Die Angst wirft mich in extremer Weise auf mich selbst zurück, isoliert mich von den anderen, stört das ausgewogene Verhältnis zwischen meiner Sicht auf mich selbst und meiner Sicht auf die anderen. Dies ist im existentiellen Kampf ums Überleben ein Vorteil, nicht aber im ästhetischen Beziehungsgeflecht zwischen mir und meinem Hörer, den ich ja als Partner, nicht als Beute oder als Fressfeind sehen muss!

Hier liegt ein Schlüssel zur Aufarbeitung des beängstigenden Erlebnisses von sozialer Isolation, das so oft mit dem Lampenfieber einhergeht: Hier hilft mir wirklich niemand mehr, hier bin ich ganz allein auf mich gestellt! Die Herstellung der Harmonie jedoch, der Balance zwischen innen und außen, das Begreifen der Vorspielsituation als eines auch sozialen Gesamtsystems hilft, dieses Gefühl von Isolation zu durchbrechen.

Das bedeutet, dass ich mich schon bei der Vorbereitung auf ein Konzert darum kümmern muss, wie ich mein Publikum sehe und vor allem wie mich mein Publikum sieht bzw. hört. Dies ist nicht identisch mit der Sorge, wie es mich beurteilt, wie es mich einstuft! Wichtige Fragen sind also:
- Was will ich dem Publikum mitteilen?
- Welche Art Resonanz will ich mit einem Werk überhaupt erzeugen?
- Will ich überhaupt eine Resonanz erzeugen oder nur diesem oder jenem beweisen, dass ich „gut spielen kann"? In diesem Fall setze ich mich selbst herab, erlebe mich als Sklave einer Fremdbeurteilung, statt durch mein Spiel der Initiator eines Dialogs zu werden.

Man sollte sehr wohl schon bei Übedurchläufen immer wieder einmal eine Konzert- oder Vorspielsituation imaginieren. Leider wird diese Möglichkeit viel zu selten ergriffen.

Es ist erstaunlich, wie wenig die Befindlichkeit des Publikums – bei aller Angst vor ihm – in die Diskussion um das Thema „Lampenfieber" einbezogen wird. Das „Publikum" besteht doch aus lauter einzelnen Personen, von denen jeder ganz individuelle Wünsche und Vorstellungen hat in Bezug auf sein eigenes Erleben, auf die Resonanz zwischen mir und ihm. Die Angst, bestimmten von außen oder innen kommenden Maßstäben nicht zu genügen, lässt viel zu wenig Raum für die Berücksichtigung der simplen Tatsache, dass ein Hörer – und Zuschauer – keinen objektiven, sondern wiederum nur einen subjektiven Maßstab repräsentiert. Er will ja auf der individuellen Grundlage seiner ganz persönlichen Befindlichkeit, seiner ganz persönlichen Wünsche bereichert, unterhalten, insofern eben verändert werden!

Natürlich hat Selbstwertgefühl etwas mit der Hoffnung oder der Sicherheit zu tun, „geliebt zu werden". Aber liebt mich jemand, weil ich gut spiele? Es könnte durchaus sein, dass er mich gerade deshalb hasst. Er liebt mich aber vielleicht, weil er im Dialog, in der Resonanz auf mein Spiel selbst bereichert wird. Er liebt mich, weil er „sich selbst dabei liebt"!

Es gibt einen bekannten Dialogwitz: „Sagt der eine: ‚Ich wollt, ich wär ein Storch, dann könnt ich fliegen.' Sagt der Zweite: ‚Ich wollt, ich wär zwei Störche, dann könnt ich hinter mir herfliegen.' Darauf der Dritte: ‚Ich wollt, ich wär drei Störche, dann könnt ich sehen, wie ich hinter mir herfliege.'"

Dieser Witz kann als Anker für die mentale Bearbeitung, vielleicht sogar als Schritt zur Bewältigung des Lampenfiebers dienen: Der erste Satz („Ich wollt, ich wär ein Storch, dann könnt ich fliegen") stellt den Wunsch nach einer guten „Performance" dar und ist insofern fast trivial. Ihm ist das „Innen" zugeordnet, die Selbstbeobachtung, die Selbstkritik, die Bemühung, die Hoffnung, auch die mögliche Enttäuschung, die Angst. Der zweite Satz („Ich wollt, ich wär zwei Störche, dann könnt ich hinter mir herfliegen" – man könnte ergänzen: „könnt ich sehen, wie ich fliege") bezieht sich auf die Überlegung, wie das Publikum mich erlebt. Ich bin zwei Störche: der Spieler und das Publikum.

Der dritte Satz schließlich („Ich wollt, ich wär drei Störche, dann könnt ich sehen, wie ich hinter mir herfliege") wäre die „philosophische" Grundhaltung vor dem Auftritt, die das System „Ich – Publikum" als interagierendes Ganzes begreift und es quasi noch einmal von ganz außen beobachtet und eben als System versteht: Ich setze mich in Gedanken ins Publikum, auf dessen Reaktion auf mein Spiel ich achte. – Insofern haben

Sie als Leserin und Leser dieses Buches schon ein wenig die Rolle des distanzierten dritten Storches eingenommen, der das Verhältnis „Künstler – Publikum" als interagierendes System versteht!

Fazit

- Das Publikum ist keine riesige „Superpersönlichkeit"! Vorstellung: Ich spiele immer nur für einen einzigen Menschen – und den kann ich mir sogar aussuchen!
- Werktreue statt Texttreue! Wie es klingt, ist wichtiger, als was notiert ist! Was gemeint ist, ist wichtiger, als was gedruckt ist.
- Der Hörer nimmt nicht unbedingt das Gleiche wahr wie der Spieler – und jeder Hörer nimmt etwas anderes wahr. Den Hörer in seiner Andersartigkeit ernst nehmen!
- Der Hörer ist der „Resonanzkörper" des Spielers.
- Der Hörer hat ein Recht auf mein Lampenfieber!
- Es ist nützlich, sich die Konzertsituation von außen vorzustellen: sich selbst auch als Hörer und Beobachter der eigenen Person zu sehen, „als säße ich selbst im Publikum".
- Ein gelungenes Konzert ist ein Dialog mit dem Publikum. Kommunikation statt Konfrontation oder Verteidigung!

Teil B: Die langfristige Vorbereitung des Auftritts

I. Die Verantwortung des Lehrers

1. Das „Richtig-falsch-Syndrom"

Lampenfieber sollte im Unterricht gelegentlich zum Thema werden: Ein Lehrer, der seinem Schüler gegenüber zugibt, auch Lampenfieber zu haben, stärkt dessen Vertrauen in den Lehrer und damit indirekt das Vertrauen in sich selbst. Wenn sogar der Lehrer nicht ganz frei von Lampenfieber ist, kann ich mich als Schüler damit trösten, dass niemand von mir verlangen kann, von Lampenfieber völlig frei zu sein – noch nicht einmal ich selbst. Geteiltes Leid ist halbes Leid! Der Lehrer beweist damit, dass er den Schüler ernst nimmt, dass er ihn als Mensch betrachtet und nicht nur als sein möglichst perfekt funktionierendes Produkt. Ein Jongleur kann es paradoxerweise nur dadurch zur vom Laien bestaunten Meisterschaft bringen, dass er die Unmöglichkeit der Perfektion, die Notwendigkeit von Fehlern voll anerkennt!

Einer der Gründe für die Entstehung von Lampenfieber ist sicher die Art des etablierten Erlernens von musikalischen Fähigkeiten und Fertigkeiten, wie wir sie vor allem in der so stark standardisierten abendländischen Musikausbildung vorfinden. Empfehlungen von Lehrern, die zunächst als Hilfe beim Lernen gedacht sind und durchaus für eine Weile ihren Zweck erfüllen, werden zu moralischen Forderungen verinnerlicht, die bei Nichtbefolgen „bestraft" werden, auch wenn derartige Strafen sehr subtil sind. Mancher schleppt solche „moralischen" Anweisungen für den Rest seines Lebens mit sich herum. Sie sind oft so tief eingegraben, dass noch nicht einmal die Möglichkeit ins Auge gefasst wird, geschweige denn der Wunsch entsteht, sich davon zu befreien. Eine jederzeit nachvollziehbare und daher beherrschbare Kausalkette wird nicht erklärt und so kommt es zur Angst vor einem undefinierten Über-Ich. Ein Beispiel: Statt zu erfahren, warum und innerhalb welcher Grenzen der Bogen des Streichers im rechten Winkel zur Saite geführt werden muss, erfährt der Schüler sinngemäß: „Wenn du den Bogen nicht im rechten Winkel streichst, kommst du in die Hölle!" Die Beobachtung, dass kein guter Streicher je genau rechtwinklig streicht, sondern aus musikalischen Gründen den rechten Winkel immer nur umspielt, wird damit erklärt, dass „diese Leute so begabt sind, dass sie sich solche Fehler leisten können" (eine Bemerkung, die der Autor mehrfach selbst gehört hat).

Statt zu sagen „Spiel so, dann ist es richtig", kann man sagen: „Probier mal aus, an welcher Strichstelle dieser Ton oder diese Tonverbindung am besten klingt!" Auf diese Weise hat man erstens die Wahrnehmung des Schülers geschärft, zweitens den Schüler die Lösung selbst finden lassen und schließlich als „guter" Lehrer seine Vorstellung doch auf den Schüler übertragen, der die Lösung aber im Bewusstsein, sie selbst gefunden zu haben, viel fester im Gedächtnis behält. So kann man vermeiden, dass das Musizieren seinen ursprünglichen Ort, den der Freude, auch des spontanen Experimentierens verlässt und zu einem Regelwerk der Vermeidung von wirklichen oder eingebildeten Fehlern degeneriert.

Die Begriffe „richtig" oder „falsch" sollten deshalb im Unterricht äußerst sparsam verwendet werden. Denn selbst mit dem Begriff „richtig" wird die Angst eingeprägt, eben nicht „richtig" zu liegen. „Richtig" widerspricht darüber hinaus allem Künstlerischen, weil es keinen Spielraum zulässt, keine Pufferzone, keine persönliche Variante, sondern eine end-„gültige", invariable Größe ist – die es aber weder in der Darstellung und noch viel weniger in der jeweils unterschiedlichen, individuellen Wahrnehmung geben kann!

Dies gilt auch für alle anderen menschlichen Lebensbereiche, von der so genannten „exakten" Wissenschaft bis hin zur Wirtschaft und Politik, vom zwischenmenschlichen Umgang gar nicht zu reden. Im neueren wissenschaftlichen Denken, das doch als eine „exakte" Kategorie dazustehen scheint, ist „Unschärfe" oder „fuzzy logic" eine der wichtigsten Voraussetzungen für das Funktionieren von Organismen, ja sogar für das Verständnis physikalischer Prozesse.

Auf die Musik bezogen soll das kein Plädoyer für Schludrigkeit in irgendeiner Hinsicht, etwa was Rhythmus oder Intonation anbelangt, sein: Statt des Begriffs „richtig" sollte man aber lieber den Begriff „bestimmt" verwenden: Dieser Begriff bezeichnet nämlich musikalische und persönliche, also auch kommunikative Eindeutigkeit – eines der wichtigsten künstlerischen Ziele!

2. Selbstwertgefühl

Der Lehrer, der den ersten Unterricht erteilt, hat hinsichtlich der „Kommunikation" und „Motivation" eine sehr wichtige Funktion; dies ist allgemein bekannt. Hinzu kommt auch seine eminente Bedeutung – und Verantwortung – für das spätere Lampenfieberverhalten. Auf dem in dieser frühen Lernzeit angelegten Selbstbewusstsein des Schülers, seinem Verhalten gegenüber Fehlern, seiner musikalischen Neugier, seiner Freude am eigenen Fortschritt baut sich die spätere künstlerische Entwicklung auf. Selbst die Fähigkeit, einen Misserfolg zu verarbeiten und daraus zu lernen, wird hier begründet. Wichtig ist, dass das Musizieren als ein wichtiger kultureller Wert an sich und nicht nur als ein relativer Wert – etwa ausschließlich als Selbstbestätigung im Verhältnis zur Konkurrenz – begriffen wird.

Darüber hinaus gilt: In dem subtilen Geflecht von sachlichen Informationen und persönlichen Botschaften zwischen Lehrer und Schüler, das beim Unterrichten unausweichlich besteht (man kann nicht n i c h t kommunizieren!), überträgt ein Lehrer, der das Problem der Unterrichtskommunikation nicht reflektierend bearbeitet, seine eigenen Ängste und Selbstbewusstseinsdefizite auf den Schüler, ohne dass er sich dessen überhaupt bewusst ist. Das kann durch gedankenlose Kritik, verbale Demotivierung oder nonverbales Verhalten geschehen. In einer hochsensiblen Situation, wie sie schon eine gewöhnliche Unterrichtsstunde darstellt (von einer Prüfung oder einem Konzert ganz zu schweigen), kann die kleinste Beschneidung des Selbstbewusstseins eines Menschen schlimme Folgen auf dessen gesamte Biographie haben. Ein im falschen Moment verächtlich heruntergezogener Mundwinkel oder eine Geste Dritten gegenüber kann das mühsam erbaute Kartenhaus des Selbstbewusstseins bei einem Schüler mit einem Schlag zusammenstürzen lassen.

Vom ersten Anfangsunterricht bis zum Konzertexamen ist es wichtiger, dieses Selbstvertrauen zu fördern, dem Schüler Freiräume zu schaffen, ihn auch gelegentlich in Widerspruch zum Lehrer treten zu lassen, als z.B. eine – vom Lehrer aus gesehen noch so „nützliche" – Haltungsänderung eines Fingers zu erzwingen. Der Lehrer sollte sich fragen: Ist die Änderung wirklich nötig? Ist sie jetzt wichtig oder kann ich sie in einem anderen Zusammenhang besser anbringen? David Oistrach hat hervorragende Schüler hervorgebracht – mit erheblich von einander abweichenden Bogenhaltungen! Muss der Spielraum, ja der „Denkraum" des Schülers von vornherein eingeengt werden? „Eng" und „Angst" haben übrigens die gleiche Sprachwurzel: lat. „angustia" = die Enge, die Angst.

Aber auch sinnlose Lobhudelei, die jeder Realität entbehrt, kann Schaden stiften, denn der Schüler durchschaut die Taktik sehr schnell. Es stellt sich heraus, dass Lob und Ermunterung zusammen mit einer auf Konsens mit dem Schüler aufgebauten sachlichen Kritik in der jeweiligen Phase der Entwicklung den besten Arbeitszustand erzeugt.

Wer aus mehreren aufgezeigten Alternativen seine eigene Lösung wählt, ist stolz darauf, aus eigenen Kräften einen Fortschritt erreicht zu haben. Er ist sich seiner Sache sicherer, als wenn er nur eine Anweisung befolgt hat. Nach einem Vorspiel oder einer Videoaufnahme die Höhen und Tiefen gemeinsam durchzusprechen, gemeinsam methodische Maßnahmen zu finden und den Schüler selbst den Weg finden zu lassen, erzeugt einen freundlichen, ja kollegialen Zustand, der Lampenfieber abbauen und Selbstbewusstsein aufbauen kann, nicht zuletzt durch das Vertrauen zwischen Lehrer und Schüler, das durch solche Gemeinsamkeit entsteht.

Natürlich wird ein Lehrer in erster Linie „für seine Kritik bezahlt", da er ja kontinuierlich Defizite im Spiel eines Schülers bearbeiten soll; das kann leicht zu einer allzu kritiklastigen Kommunikation mit dem Schüler führen, auch beim größten Wohlwollen des Lehrers. Deshalb sollte besonders Gelungenes nicht nur gelobt, sondern ebenso intensiv kommentiert werden wie weniger Gelungenes. Es ist mindestens so wertvoll zu wissen, warum etwas gelungen ist, wie warum es misslungen ist! Eine besonders geglückte Stelle kann als „Anker" für das Gedächtnis dienen; es lohnt sich daher, zu verweilen und darüber zu sprechen, weshalb diese Stelle so gut war. Bei späteren ähnlichen Passagen kann man dann auf diesen positiven Zustand zurückkommen: „Weißt du noch, wie schön du jene Stelle gespielt hast?" Dies gilt nicht nur für technisch gut Gelungenes, sondern auch für Zustände. Ein guter Lehrer spürt, ob ein Schüler besser oder schlechter „drauf" ist. Auch ein besonders guter Zustand kann in diesem Sinne als Erinnerungsobjekt mit dem „Weißt du noch"-Effekt dienen.

Die NLP-Psychotechnik verwendet für die Speicherung wichtiger derartiger Erinnerungen bestimmte Wörter oder Körperbewegungen (Berührungen) nach freier Wahl als „Anker", wie z. B. „Fuß auf den Boden drücken" oder Ähnliches. Wichtig ist auf jeden Fall, dass man sich sowohl für solche Einprägemomente als auch für die Momente des Erinnerns Zeit lässt, damit sich der erlebte Zustand, das beschworene

Erinnerungsbild tief einprägen und sich so auch beim späteren Erinnern deutlich einstellen kann.

Lehrer haben also eine nicht hoch genug einzuschätzende Verantwortung ihren Schülern gegenüber. Ein beschädigtes Selbstbewusstsein, die Einengung des Spielraums durch das „Richtig-falsch-Syndrom" kann sich als psychosomatische Folgeerscheinung in der Unfähigkeit des Körpers niederschlagen, für bestimmte Bewegungsabläufe die natürlichsten und selbstverständlichsten Koordinationen – auch Ausdrucksbewegungen – zu finden. Jede Körperhaltung entspricht auch einer seelischen Befindlichkeit! So ziehen sich z. B. die Schultern meist nicht aus Unfähigkeit oder Renitenz, sondern aus Angst hoch.

3. Spieltechnik

Der Begriff Technik wird im Bereich des Musizierens in unterschiedlicher Weise gebraucht. Technik bezeichnet erstens die Fähigkeit, musikalische Ideen lückenlos in Klang umsetzen zu können; zweitens spricht man von technischem Material, wenn man Tonleitern, Oktaven, Akkorde und Ähnliches meint, und drittens wird der Begriff Technik auch für eine bestimmte Art körperlichen Verhaltens dem Instrument gegenüber verwendet; diese Technik hat man entweder selbst entwickelt oder von einem Lehrer oder einer „Schule" vermittelt bekommen („sie spielt mit der Taubman-Technik" oder „er ist in der russischen Schule ausgebildet"). Im Zusammenhang mit Überlegungen zum Lampenfieber ist im Folgenden diese dritte, auf eine Schule oder sogar nur auf einen Lehrer bezogene Bedeutung des Wortes „Technik" gemeint.

Ein Lehrer geht plausiblerweise in der Regel davon aus, dass die Art des Instrumentalspiels, die er selbst gelernt hat und die ihn bis zu seinem jetzigen Stand des Könnens gebracht hat, auch für alle anderen lückenlos gültig sein müsse.

Nun gibt es im Körperbau und vor allem im Bau der Hand jedoch erhebliche Unterschiede, und zwar nicht nur in der äußeren Form, sondern – fast noch gravierender – auch in der Funktionsweise der Hände. Der Musikphysiologe Christoph Wagner weist anhand seiner Forschungen eindringlich darauf hin, welche großen Unterschiede z.B. in der Streck- und Spreizfähigkeit von Gelenken bei verschiedenen Musikern auftreten können. So mancher hat die in der Kindheit als „richtig" erlernte Spielweise so verinnerlicht, dass er sich eine andere, die für ihn möglicherweise besser wäre, zunächst überhaupt nicht vorstellen kann. Hier ist eine differenzierte Diagnosefähigkeit des Lehrers erforderlich, um die individuell zum Teil stark abweichenden „optimalen" Haltungen und Bewegungsmöglichkeiten zu erkennen und zu fördern. Leider gibt es noch kein Pflichtfach für Instrumentallehrer, das „Diagnosefähigkeit" heißt ...

Vladimir Horowitz beispielsweise hat seine lange Spielpause offensichtlich dazu verwendet, von einer mehr gekrümmten Haltung der Finger, wie sie ja für das Klavier standardmäßig als „richtig" bezeichnet wird, auf eine mehr gestreckte überzugehen, die ihm offensichtlich für seine ganz persönliche Spielweise förderlicher erschien. Mancher Cellist quält sich ein Leben lang damit ab, die „richtige", gekrümmte Haltung des rechten Daumens auch dann beizubehalten, wenn der Daumen schmerzt und für ein kraftvolles Spiel nicht ausreichend einsetzbar ist, weil die Auflagestelle am Frosch zu spitz ist oder weil die Finger im Mittelgelenk nicht auf der Bogenstange aufliegen. Den Daumen im Endglied strecken (wie es z.B. M. Rostropovitch und andere, die nicht darüber sprechen, tun) „darf ein Cellist nicht", ebenso wenig wie man die Endglieder der Finger der linken Hand strecken darf, selbst wenn der Ton im Einzelfall auf diese Weise viel ausdrucksstärker vibrieren kann! Hier sollen jedoch auch keine generellen Ausnahme-Empfehlungen etwa für gestreckte Endgelenke der linken Hand des Cellisten gegeben werden, wie sie z.B. Paul Tortelier von seinen Schülern verlangte (wenn auch – aus richtiger Einsicht – nur mit mäßigem Nachdruck).

Manchmal werden Haltung und Bewegung miteinander verwechselt: Die Anweisung für einen Instrumentalisten „Schulter tief" kann im Einzelfall richtig sein, als generelle Forderung ist sie aber falsch, da sie das außerordentlich bewegliche Spiel der Schulter nicht mit einbezieht oder gar blockiert (eine heruntergedrückte Schulter behindert das Spiel ebenso wie eine hoch gezogene). Oder ein Beispiel aus der Streicherpädagogik: Die Forderung „Saitenübergänge spielt man mit dem Handgelenk" ist für eine bestimmte Bogenstelle richtig, als generelle Behauptung aber falsch. Ein weiteres Beispiel: Unterarmrollung wird oft als Handgelenkbewegung fehlinterpretiert. Dies ist solange nicht hinderlich, wie die Begriffe völlig undeutlich bleiben. Bedenklich wird es erst, wenn Empfindungen einerseits und die damit verknüpften räumlich-zeitlichen Beschreibungen andererseits nicht mehr zueinander passen. Wenn die angebotenen Beschreibungen (z.B. „Ellbogen hoch") mit den erhofften Empfindungen („dann fühlst du dich lockerer") nicht übereinstimmen, entstehen kaum noch diagnostizierbare Verspannungen, die auch mit gängigen Körpertechniken und dem Bemühen um „Lockerheit" nicht verschwinden. Die „unendliche Geschichte" der Kinnhalter und Geigenstützen kann ebenfalls als Beispiel dafür dienen, wie schwierig es ist, die für einen Schüler am besten geeignete Haltung zu finden.

Das fundamentale Problem, jeweils eine optimale Grundhaltung (Spieldisposition) zu ermitteln, liegt darin, dass eine Gewohnheit, auch eine schlechte, eine gewisse Sicherheit zu bieten scheint. Zumindest erfordert eine Umstellung zunächst Mühe, Aufmerksamkeit und Zeit. Das Dilemma eines verantwortungsvollen Lehrers liegt in der Antwort auf die Frage, ob eine Umstellung der „Technik" dem Schüler dient oder nur eine Anpassung an die Vorstellungen des Lehrers darstellt. Mancher Pädagoge gibt – ehrlicherweise – zu, dass er nur unterrichten kann, wenn der Schüler seine Spielweise in allen Details übernimmt.

Die richtige Lösung zu finden, ist nur in einem völligen Konsens mit dem Schüler möglich. Es muss für den Lernenden deutlich hör- und fühlbar sein, dass die Änderung wirklich eine Verbesserung bringt, auch wenn sie sich zunächst nur mit dem Aufwand bewusster Aufmerksamkeit realisieren lässt. Anderenfalls stellt die Umstellung nichts als eine psychische Belastung dar, die das Selbstbewusstsein angreifen und so dem Lampenfieber Tür und Tor öffnen kann. Im Übrigen haben Veränderungen über die statisch-mechanischen Aspekte hinaus auch immer noch ästhetische und emotionale Implikationen.

Wenn man ein Mobile an einer einzigen Stelle in Bewegung setzt, ändert sich die gesamte Konstellation. Dieses Bild ist ein gutes Beispiel für die Zusammenhänge innerhalb unseres Körpers. Es zeigt, dass auch kleine Änderungen eines Details, etwa einer Finger- oder Handhaltung, Konsequenzen für die Statik und Dynamik des ganzen Körpers haben. So hängen z.B. beim Streicher Bogenhaltung und Schulterspiel aufs Engste zusammen. Es gilt also: Wohl fühlen kann ich mich nur als ganze Persönlichkeit mit ungehinderten Haltungs- und Bewegungsfunktionen. Eine Haltung, die eine latente körperliche Unbequemlichkeit darstellt, erweist sich als Verstärker des Lampenfiebers auf dem Podium.

4. Schamgefühl

Lampenfieber hat auch mit Scham zu tun: In unserer Kindheit wurde uns beigebracht, uns für alle möglichen Verhaltensweisen zu schämen, was unbestritten eine soziale Bedeutung hat. Eine Reihe von Eigenschaften, die für eine künstlerische

Kommunikation unabdingbar sind, fallen allerdings überflüssigerweise ebenfalls unter diese mit Scham belegten „Tabupostulate": Man gibt nicht an; man hat bescheiden zu sein; man zeigt seine Gefühle nicht; man stellt sich nicht bloß; man beherrscht sich; man schüttet vor fremden Leuten nicht sein Innerstes aus. – Wo soll nun eine künstlerische Ausstrahlung, die sich von all diesen Tabus befreien soll, plötzlich herkommen?

Mit Erotik verknüpfte Verhaltensweisen sind ohnehin einem Schamgefühl und – von alters her – einem „Erbsünden-Schuldgefühl" ausgeliefert. Musik als sinnliche Erfahrung hat aber eigentlich, da ist man sich einig, immer auch erotische Elemente: Tanz, Werbung, Verzauberung etc. Gibt es eine Oper ohne Erotik? Auch eine Mozart-Sonate hat ausgesprochen opernhafte Züge!

Es wäre sicher eine umfassende Untersuchung wert, welchen Stellenwert Erotik (im Guten wie im Bösen) beim Spiel eines Instruments, aber auch bei der Bewertung von Schüler- und Studentenleistungen hat! Liebe, Hass, Neid, Eifersucht, Attraktion, erotische Faktoren etc. spielen in jedem Fall sowohl bei künstlerischen Entscheidungen eines Musikers als auch bei dessen Beurteilung durch andere eine unterschwellige Rolle.

Hier taucht natürlich sofort die Frage auf, ob das Lampenfieber in diesen tiefen, biographisch bedingten Schichten überhaupt „bearbeitet" werden kann. Für manche Instrumentalisten kommt schon die Aufforderung, eine Stelle doch einmal zu singen, fast einem unzumutbaren „Outing", ja einer Aufforderung zur Prostitution gleich. Einer der Gründe hierfür ist gewiss die Tatsache, dass an den Schulen kaum noch gesungen wird. Die Körpersprache von Studenten bei solchen „Anmutungen" entspricht jedenfalls oft der Körpersprache bei einem starken Schamgefühl (das ein Lehrer übrigens unbedingt ernst nehmen und zunächst akzeptieren sollte!).

Hindernisse gegen dieses „Outing" bestehen nicht in erster Linie im Bereich des instrumentalen Könnens, sondern in der Unfähigkeit, zumindest in dem Nicht-gewöhnt-Sein, Gefühle „theatralisch" darzustellen. Beim Kongress „Querverbindungen" des Forschungsinstituts für Instrumental- und Gesangspädagogik in Frankfurt führte der Regisseur Hans-Jörg Meisslein im Januar 2000 eindrucksvoll Möglichkeiten vor, wie Musikstudenten, die noch nie Theater gespielt hatten, lernten, in kleinen improvisierten „Sketches" Gefühle darzustellen. Nach einigen Einstiegsschwierigkeiten (Schwellenüberschreitungen) war es verblüffend, mit welcher verbalen und gestischen Ausdruckskraft Szenen dargestellt wurden, durch die die jungen Menschen Mut zu einer ungewohnten Form der „Ent-Äußerung" bekamen. Manche Studenten bezeichneten dieses Erlebnis geradezu als Durchbruch zu einer neuen Darstellungs- (auch Selbstdarstellungs-) Freiheit.

Derartige „experimentelle Unterrichtsformen" haben gezeigt, dass es möglich ist, Lampenfieber auf einer Ebene zu „bearbeiten", die völlig unabhängig von instrumentenspezifischem Lampenfieber verläuft. So berichtete eine Pianistin nach einer solchen Selbsterprobung, dass sie bei einem kurz darauf gespielten Konzert eine noch nie dagewesene Freiheit von Lampenfieber erlebt habe: Das „Outing" des Theaterspielens hatte ihr einen Schub emotionaler Freiheit gebracht und ihr die Kommunikation mit ihrem Publikum sowie eine neue Souveränität auch bei der spezifischen pianistischen Darstellung ermöglicht.

5. Selbstständigkeit

Der Hamburger Pädagoge Peter Struck fordert, dass schon Vierjährige das Recht auf eine Erklärung von erzieherischen Maßnahmen haben sollten. Einem 15-jährigen Schüler sollten eigentlich gar keine unerklärten Maßnahmen mehr aufgedrängt werden; das gilt besonders auch für die Instrumentalerziehung. Leider dominiert in der Instrumentalausbildung an den Hochschulen, in der es sich ja fast nur um erwachsene Studenten und nicht um 15-Jährige handelt, noch immer ein „kasuistischer" Unterrichtsstil: „Hier machst du bitte dies, dort machst du das (implizit: weil ich es besser weiß)!" Begründungen, die ja die Basis für die „Education", die Hinführung zu eigenständigem Urteilen in analogen Situationen, zum „Transfer" bilden, werden oft vermieden. Manche haben diesen Erziehungsstil selbst als erwachsene Studenten vollkommen verinnerlicht. So meinte ein 25-jähriger Student bei einem Kurs: „Sie brauchen mir dies nicht zu begründen, es reicht, wenn Sie mir sagen, was ich an dieser Stelle machen soll!"

Da kein Lehrer für jede Aufgabenstellung immer das „Richtige" sagen kann, sollte er dem Schüler gegenüber immer deutlich zwischen „Geschmackssache" und begründeten und deshalb zu verallgemeinernden Hinweisen unterscheiden. Bei der „Geschmackssache" wird dem Schüler eine eigene Entscheidung zugebilligt (auch zugeschoben, denn nicht immer sind eigene Entscheidungen für den Schüler „angenehmer" als von einer Autorität bezogene klare Anordnungen!).

Künstlerische Pädagogik muss die spätere Selbstständigkeit des Schülers im Visier haben. Selbstständigkeit führt zu Sicherheit. Wer gelernt hat, aus eigener Einsicht, aus eigenem Entschluss Musik zu gestalten, braucht sich nicht vor wirklichem oder auch nur vorgestelltem Tadel Dritter zu fürchten. Was ich selbst verarbeitet habe, ist mein geistiges Eigentum, das ich nicht nach außen und noch weniger vor mir selbst zu rechtfertigen brauche. Was ich hingegen nur tue, um äußeren – vermuteten und vielleicht gefürchteten – Forderungen zu genügen, ist nicht mein Eigentum. Es bleibt letztlich das Eigentum dessen, der diese Vorgaben vertritt, die ihm vielleicht sogar seinerseits ebenso begründungslos übermittelt wurden („Der berühmte Soundso hat gesagt, man müsse das so spielen!"). Eigenes ist weniger anfällig für Lampenfieber als nur von anderen Gefordertes. Ich erlaube mir, was mir künstlerisch gelingt! – Ein guter Lehrer hilft mir dabei.

6. Wettbewerb

Musizieren hat viele Aspekte, z. B. Gefühlstiefe, Schönheit, Klarheit einer ästhetischen Struktur, körperliche Funktionslust, „Flow", Kommunikationsfreude, Gemeinsamkeit des Erlebens von Musik – und auch den des Wettbewerbs. Bei der künstlerischen Arbeit spielt, wie auf vielen anderen Gebieten menschlichen Handelns, das Element des „sportlichen" Wettkampfs – der Vergleich mit anderen – eine Rolle. Schon in der Antike gab es Wettkämpfe in der Musik: Die antiken Olympischen Spiele waren Sport- und Kunstwettkämpfe. Lampenfieber kann zerstörerisch werden, wenn der Aspekt des Wettbewerbs alle anderen Aspekte überwuchert.

Eigentlich muss sich niemand einem solchen Wettbewerb stellen – und doch hat dieses Risiko eine ungeheure Attraktivität. Die Überwindung dieser Angst wird immer wieder als eine Steigerung des Selbstwertgefühls erlebt – und deshalb auch beim nächsten Mal erhofft.

Zur Verminderung der Nervosität sollte man sich die Tatsache vergegenwärtigen, dass der Erfolg bei einem Wettbewerb nur zur Hälfte auf der eigenen Leistung basiert. Die andere Hälfte ist mit einem Glücksspiel vergleichbar, bei dem man ja auch nicht sein ganzes Selbstwertgefühl verliert, wenn man auf die falsche Zahl gesetzt hat! Juryurteile weisen nicht nur auf die Leistung der Kandidaten, sondern auch auf die jeweils persönlichen Einstellungen der Jurymitglieder hin und sind insofern auch durch individuelle Höchstleistungen nicht beeinflussbar. Es hilft auch nicht, Spieldetails dem vermuteten Geschmack des einen oder anderen Jurors anzupassen. Die

Demonstration des eigenen Profils ist – auch für das Urteil der Jury – letzten Endes wichtiger!

7. Vorspielgelegenheiten

Für junge Musiker ist es wichtig, immer wieder Gelegenheiten zum Vorspielen zu haben. Hierbei gibt es häufig organisatorische Schwierigkeiten, aber auch Widerstände, die im menschlichen Bereich liegen. Da derartige Vorspiele schon eine „Vorform" des Konzert-Lampenfiebers erzeugen, verzichten aus „Angst vor der Angst" viele Musiker darauf – zum eigenen Nachteil. Werden diese Widerstände jedoch überwunden, stellt sich die übereinstimmende Erfahrung ein, dass Vorspielsituationen für alle Beteiligten eine Quelle von Informationen und Stabilisierungen sind. Auch die ganz einfache Möglichkeit, dass sich Studierende gegenseitig vorspielen, wird meist zu wenig genutzt. Wenn man derartige Vorspiele regelmäßig reihum organisiert, hat man eine ausgezeichnete Vorbeugungstaktik gegen Lampenfieber.

Sinnvoll ist es auch, sich auf Tonträger – oder noch besser auf Video – aufzunehmen: Selbst hier, wo es außer dem Spieler selbst keinen Beurteiler gibt, stellt sich eine Art Lampenfieber ein, eine erhöhte Aufmerksamkeit, aber auch eine erhöhte psychische Spannung.

Jedes Lernen braucht Zeit und Wiederholung. So ist auch die praktische Bewältigung des Lampenfiebers auf dem Podium ein Lernvorgang, der durch Wiederholung verbessert wird. Je öfter ich den Lampenfieber auslösenden Zustand imaginiere, auch als rein mental vorgestelltes Erlebnis, desto mehr verliert er seinen Schrecken. Es ist zu beobachten, dass das Lampenfieber umso weniger beeinträchtigende Auswirkungen hat (auch wenn es nicht „ausgerottet" ist), je öfter man auf die Bühne geht. Es ist Aufgabe aller Pädagogen, für solche Übungen zu sorgen. Wie schon erwähnt, möchte ich diesen

Zustand nicht zur Gleichgültigkeit reduzieren, sondern ihn auf dem mittleren, produktiven Spannungsfeld ansiedeln, auf dem wir unsere größten Leistungen erbringen können!

An einigen Musikinstituten wird ein gezieltes Lampenfiebertraining in den ganz normalen Arbeitsablauf eingebaut[2]. Hier ist allerdings wichtig, dass Vorspiele echte kommunikative Ereignisse sind und nicht ausschließlich zum Zweck der „Lampenfiebertherapie" und schon gar nicht als „Qualitätsmessung" veranstaltet werden; das wäre kontraproduktiv. Die ausdrückliche Betonung des Lampenfiebers als zu bekämpfende Eigenschaft würde dieses in den Mittelpunkt stellen. Der Effekt wäre ähnlich dem, wenn man der paradoxen Aufforderung folgt, sich „auf keinen Fall einen rosaroten Elefanten vorzustellen". Der Abbau des Lampenfiebers sollte sich sozusagen als sekundäre Wirkung einstellen, die mit dem primären, kommunikativen Erlebnis eines erfolgreichen Vorspiels gekoppelt ist.

Mancher weltberühmte Künstler (z.B. Nathan Milstein) hat in seiner Jugend in Bars und Cafés gespielt. Wer sicher sein will, sein Lampenfieber ein für allemal durch eine Dauergewöhnung in den Griff zu bekommen, der sollte sich eine Weile in einem Restaurant o.Ä. verdingen: Da Lampenfieber ein Ausnahmezustand ist, kann niemand viele Stunden oder gar Tage hintereinander ununterbrochen Lampenfieber haben. Hinzu kommt, dass bei einer solchen Beschäftigung eher die Frage im Vordergrund steht, wie groß die Spannung ist, die ich mit musikalischen Mitteln erzeugen kann, und nicht etwa der Wunsch, möglichst wenig psychische Spannung zu erleben, nur um keine Fehler zu machen. Hier wünscht man sich Lampenfieber manchmal geradezu herbei!

---

[2] Ernst Smole, Mürzzuschlag, hat diesbezüglich ein in seinem J. Brahms-Konservatorium erprobtes Konzept vorgelegt, vgl.: *Musik und Angst*, in: *Querverbindungen*, hrsg. von G. Mantel, Mainz 2000.

Lampenfieber in seiner störenden Form tritt im Allgemeinen erst ungefähr ab dem 11. Lebensjahr auf. Ernst Smole (s. Fußnote) führt seine Musikschüler mit einem Lampenfieber-Präventionsprogramm u.a. durch wiederholte Auftrittsgelegenheiten sicher über diese Schwelle. Interessant in diesem Zusammenhang ist die Beobachtung, dass sich eine solche Lampenfiebertherapie – weit über das reine Instrumentalspiel hinaus – auf ein sichereres Auftreten der Schüler auch in anderen Lebensbereichen auswirkt. Dieser Effekt kann kaum hoch genug eingeschätzt werden, denn das erreichte Selbstbewusstsein ist nicht nur Bedingung für ein sicheres Auftreten bei einem Konzert, sondern geradezu eine Selbstbewusstseinsschule für den ganzen Menschen. Dies legt den Umkehrschluss nahe, dass die Gewöhnung an sicheres Auftreten oder freies Reden auch musikalische Lampenfieberbewältigung sein kann!

Fazit

- Ein Lehrer hat großen Einfluss auf das Lampenfieber des Schülers.
- Die Qualität einer Aufführung wird nicht durch „richtig" oder „falsch" beschrieben. Statt „richtig" lieber „bestimmt" spielen.
- Vom Schüler selbst gefundene Lösungen haften besser im Gedächtnis als übernommene, nicht begründete „Vorschriften".
- Keine „moralische" Technik verfolgen. Ich erlaube mir, was mir gelingt!
- Scham verhindert Ausdruck. „Unverschämt" spielen!
- Vorspielgelegenheiten suchen!

II. Mut

In allen Theorien und Veröffentlichungen, praktischen Kursen und Seminaren ist man sich darüber einig, dass das Lampenfieber ganz entscheidend von der Vorbereitung auf einen Auftritt abhängt, sei dieser Auftritt eine Rede, ein Theaterstück, eine Präsentation oder ein Konzert. Das mehr oder weniger deutliche Bewusstsein, nicht optimal vorbereitet zu sein, kann das Lampenfieber mit einem Gefühl von Schuld und schlechtem Gewissen belasten und dadurch noch potenzieren. Andererseits kann meine Vorbereitung so gründlich sein, dass ich mir wegen eventueller kleiner Fehler kein schlechtes Gewissen mehr mache – weil ich mich einfach nicht mehr dafür verantwortlich zu fühlen brauche.

Zusammen mit der Qualität der Vorbereitung steigt allerdings auch der eigene Anspruch an die Qualität der Darbietung. Insofern verschwindet auch bei bester Vorbereitung nicht automatisch das Lampenfieber – wohl aber ein großer Teil seiner negativen Wirkungen. Wenn diese abnehmen, verliert beim eigentlichen Auftritt auch das Lampenfieber selbst seinen Schrecken, verwandelt sich die Aufregung in Anregung.

Wie schon gesagt: Lampenfieber entsteht nur dort, wo ich etwas für wichtig halte. Wenn sich die Sehnsucht, von diesem Gefühl der Wichtigkeit oder Bedeutsamkeit befreit zu sein, erfüllen würde, entstünde genau genommen ein Gefühl der „Normalität", ja der Gleichgültigkeit. Kann ich das eigentlich wollen, wenn es mir darum geht, etwas Besonderes zu leisten, gemeinsam mit anderen etwas Besonderes zu erleben? Nein, denn der „konstruktive" Gegenpol zum Lampenfieber heißt nicht Gleichgültigkeit, sondern Mut.

Mut kann ich aber nur dort beweisen, wo zunächst eine Gefahr, verknüpft mit dem Gefühl des Risikos, herrscht. Wo es keinerlei Risiko gibt, entsteht auch keine Angst – aber auch keine Herausforderung, keine Möglichkeit einer über den Alltag hinausgehenden Bewährung, keine Gelegenheit, Mut zu beweisen. Auch wenn es etwas spitzfindig erscheint: Das Lampenfieber signalisiert mir, wenn auch um den Preis eines zunächst unangenehmen Zustands, dass ich im Begriff bin, etwas Bedeutsames zu tun. Lenken wir also den Blick vom erwünschten Erfolg und gefürchteten Misserfolg weg und konzentrieren wir uns stattdessen auf die Tatsache, dass unser Tun wichtig ist!

Gewiss, es gibt einen Grad von Angst, dem man nichts mehr anderes entgegenzusetzen hat als die Flucht oder zumindest eine „symbolische" Flucht, die sich in körperlichen Symptomen äußert. Diese Extremzustände erfordern eine professionelle Therapie. Wenn man davon aber absieht, muss man sich eingestehen, dass das Gefühl von Lampenfieber mit der Bestätigung der Wichtigkeit der Aufgabe auch eine Bestätigung der Wichtigkeit dessen, der sie zu erfüllen hat, darstellt. Darüber hinaus gibt mir das Lampenfieber die Chance, mich in einer ungewöhnlichen, vom Alltag abgehobenen Situation zu bewähren, also auch meinen Zuhörern ein besonderes, über den Alltag hinausgehendes Ereignis zu bieten. Lampenfieber kann, so gesehen, zur Bestätigung des eigenen Selbstbewusstseins beitragen! Dazu brauche ich Mut, ein Gefühl von „trotzdem".

Menschen, die allgemein ängstlich sind, leiden natürlich auch in der spezifischen Podiumssituation mehr unter Lampenfieber als andere, die eine eher mutige Haltung zum Leben insgesamt haben. Insofern hat das Lampenfieber sicher auch einen in der Persönlichkeit begründeten Anteil. Das bedeutet aber nicht, dass ansonsten „mutige" Menschen in der so spezifischen Situation auf dem Podium nicht auch in extremer Weise unter Lampenfieber leiden könnten.

Es sei noch einmal wiederholt: Es geht nicht darum, das Lampenfieber vor einem Konzert oder einem anderen wichtigen Auftritt völlig zu eliminieren (was kaum möglich ist), sondern darum, durch entsprechende mentale Vorbereitung ein Höchstmaß an Sicherheit und Selbstvertrauen für das Konzert aufzubauen.

Im Folgenden werden einige Situationen geschildert, die Möglichkeiten bieten, sich in Mut zu üben, denn es wäre tollkühn, diesen Mut plötzlich und völlig unvorbereitet von sich zu fordern. Das normale Üben am Instrument, das noch ganz frei von jeglichen Vorboten des Lampenfiebers ist, bietet hierzu reichlich Gelegenheit. Ängste können ja auch schon beim Üben eintrainiert werden, warum also nicht auch Mut? Mut kann aber auch in Situationen aus-„geübt" werden, mit denen man das Phänomen Mut im Allgemeinen nicht in Verbindung bringt. Es ist möglich, negativen Folgen des Lampenfiebers schon im Vorfeld – beim entspannten, geruhsamen Üben – durch „Mutübungen" vorzubeugen.

Mut kann ich beweisen, wenn ich ein beschreibbares, (geistig) bekämpfbares Objekt vor mir habe, vor dem ich eine konkrete Furcht empfinde. Angst hingegen ist ein mehr diffuser seelischer Zustand ohne konkretes Objekt. Im Lampenfieber finden wir beides: Furcht (etwa davor, eine schwere Stelle könnte misslingen) und Angst als unspezifischen existentiellen Zustand, der mich lähmen kann. Wenn ich das „Furcht einflößende Objekt" (z. B. die schwierige Stelle) beschreiben und womöglich bearbeiten kann (Vorbereitung!), vermindere ich mit der konkreten Furcht die unspezifische Angst. Wogegen oder wofür also kann ich konkret Mut mobilisieren?

1. Mut zur eigenen Einrichtung eines Werks

Die eigene Einrichtung eines Musikstücks ist sehr wichtig. Oft werden z. B. bestimmte Fingersätze, die ein (vielleicht schon vor Jahren verstorbener) Lehrer als „moralische Kategorie" eingeführt hat, widerspruchslos befolgt, bis sich eines Tages herausstellt, dass die betreffende Vorschrift unter Umständen auf einer rein „kasuistischen" Lehrmethode beruht: An einer bestimmten Stelle „muss" dieser Fingersatz, diese Bogeneinteilung verwendet werden, weil „man" das immer schon so gemacht hat. (Der Autor, der auf eine relativ großzügige, also eher autoritätsarme Lernbiographie zurückblicken kann, muss bekennen, dass auch er im schon vorgerückten Alter bei sich noch Spuren solcher uralten, ritualisierten Vorschriften gefunden hat.) Vielleicht hatte der berühmte Lehrer ja eine ganz andere Hand, ganz andere körperliche Proportionen oder andere Bewegungsgewohnheiten aufgrund eines ganz anderen Phänotyps; zumindest hatte er eine völlig andere Lernbiographie.

Vorschriften dieser Art sind häufig das Resultat ungenauer Beobachtungen und unzulässiger Verallgemeinerungen, die oft in Unkenntnis der vielfältigen Vernetzungen innerhalb des Körpers und aufgrund veralteter mechanischer Bewegungsvorstellungen entstanden sind. Aus situativ begründeten einzelnen Hinweisen entstehen allgemeine Vorschriften: „Die Hand muss immer so oder so stehen; die Schulter muss immer tief sein; die Finger müssen immer liegen bleiben; die Finger müssen immer gekrümmt sein" etc.

Vielleicht kann eine verbürgte Anekdote diesen Sachverhalt verdeutlichen: Ein berühmter Lehrer, der Name sei verschwiegen, fragt den Teilnehmer eines Sommerkurses, woher er denn diese verschrobenen Fingersätze und Bogeneinteilungen habe. Verschämt gesteht der Teilnehmer, er habe sie von seinem Lehrer „und dieser hat sie seinerzeit – vor über 20 Jahren – von Ihnen minutiös kopiert..."

Auch das Menschenbild, das wir aufgrund jahrtausendealter kultureller Prägung mit uns herumschleppen, steht einer Ausschöpfung des künstlerischen Potentials oft im Wege: Noch heute ist ein großer Teil künstlerischer Ausbildung nach einem dreigeteilten Menschenbild ausgerichtet: „mechanischer" Körper, „heilige" Seele und „verkopfter" Intellekt.

Mut zur eigenen Einrichtung eines Werks

Es erfordert eine gehörige Portion Mut, diesen „pädagogischen Ballast" erst einmal zu verarbeiten, ja ihn überhaupt als Ballast wahrzunehmen. Denn selbstverständlich basiert er auf vielen im Einzelfall durchaus sinnvollen Vorschriften, die für irgendeinen Schüler oder seinen Vorgänger zu irgendeinem Zeitpunkt seiner Entwicklung sinnvoll gewesen sein mögen.

Jeder Lehrer kommt an diesem Punkt in ein Dilemma: Einerseits will er seinem Schüler eine Anweisung geben, die ihm bei einem Problem oder beim allgemeinen Aufbau seiner künstlerischen Fähigkeiten helfen soll; andererseits aber muss er seinen Schüler geradezu zum Widerspruch aufstacheln, damit dieser lernt, eigene Gedanken zu entwickeln, die von den Gewohnheiten des Lehrers abweichen (sonst entsteht ja kein Widerspruch!). In einem guten Unterricht darf eine Anweisung oder Empfehlung nie ohne Begründung und Konsens (oder im Einzelfall formuliertem Dissens) erfolgen, sonst kommt es in der nächsten Generation zur gleichen zwanghaften Ritualisierung von Vorschriften (s. S. 76).

Kurzum: Es gehört Mut dazu, eine eigene Einrichtung des Notentextes vorzunehmen. Sie muss selbstverständlich sowohl nach praktischen (Sicherheits-)Kriterien als auch nach künstlerischen Vorstellungen erfolgen. Eine einfach kopierte Einrichtung enthebt den Schüler (und auch den Lehrer!) jeglichen Nachdenkens darüber, warum er so und nicht anders spielen soll. Auf diese Weise wird die Gelegenheit verpasst, die Selbstständigkeit zu erhöhen, aber auch nach einer für den Schüler wichtigen technischen oder ästhetischen Begründung zu suchen und diese Erkenntnis für ähnliche Problemlösungen nutzbar zu machen.

All dies gilt nicht nur im Zusammenhang mit Lehrer-Empfehlungen, sondern auch mit der sklavischen Übernahme gedruckter Anweisungen, z.B. langer Bögen im Notentext, die so „anschaulich" den musikalischen Zusammenhang illustrieren. Ein Beispiel: Langsame, geführte Bewegungen sind beim Streicher anfälliger für Unruhe und Zittern (Bogen) als schwungvolle. (Ein Kreidestrich, den ich mit Schwung an einer Tafel ziehe, zeigt eine völlig glatte Kurve. Wenn ich ihn langsam nachzeichnen will, entstehen viele kleine Ungleichmäßigkeiten.) Der Hörer nimmt zittrige, verhungerte Töne wahr. Deshalb: lieber schwungvolle runde statt langsame gerade geführte Bewegungen ausführen; das heißt: lieber mehr Bogenwechsel trotz gedruckter Bögen! Die Bogeneinteilung selbst interessiert den Hörer meist überhaupt nicht; sie ist das Werkstattgeheimnis des Interpreten. Interessant in diesem Zusammenhang ist die Tatsache, dass J. Brahms die „Einrichtung" der Streicherbögen bei einigen seiner Kompositionen vollständig seinem Freund, dem Geiger Josef Joachim, überlassen hat.

Völlig geradlinige Töne und Verläufe spiegeln eigentlich nur in Ausnahmefällen den energetischen Prozess in der Musik wider. Daher sollte man nicht nach dem Ideal größtmöglicher Gleichmäßigkeit streben, sondern nach dem Ideal möglichst plausibler dynamischer Prozesse, sowohl aufgrund technischer und künstlerischer Argumente als auch im Hinblick auf Lampenfieber! Vollkommene dynamische und metrische Gleichmäßigkeit ist insofern ein Sonderfall nichtlinearer, kurvenförmiger musikalischer Verläufe.

Die eigene Einrichtung eines Werks hängt eng mit dem Thema Lampenfieber zusammen. Ein Textverständnis, das ich mir selbst erarbeitet habe, eine Textauslegung, die ich selbst gefunden habe, für die ich selbst verantwortlich bin, bei der ich selbst geistige Energie investiert habe, steht mir wesentlich sicherer zur Verfügung als eine unkritisch umgesetzte Anweisung. Die eigene durchdachte Er-Findung bildet tiefere, emotional aufgeladene Gedächtnisspuren. Somit wird die Angst, etwas „falsch" zu machen, wesentlich reduziert.

Bei der Einrichtung eines Werkes ist kritisch zu fragen: Wer hat den Notentext redigiert? Auf welche Quellen stützt sich der Herausgeber? Wann hat er gelebt, welche Zeit der Rezeptions- und Interpretationsgeschichte dieses Werks verkörpert er? Wo setzt er seine Prioritäten: bei einer Texttreue in Bezug auf Schriftliches oder bei einer Werktreue in Bezug auf den Klang, auf die Phrase, den Stil, den Sinn? Wie mag diese spezielle Version bei ihm selbst geklungen haben? Hätte ich sie überhaupt akzeptiert? Will ich seine Prioritäten übernehmen? Sind die Anweisungen mehr akustisch oder mehr ästhetisch-psychologisch zu verstehen? – All diese Fragen sollte sich der Interpret in der Vorbereitungsphase stellen.

Ein Beispiel zu dieser Problematik: Beethoven schreibt Pausen, die natürlich rechnerisch in einen Takt passen müssen. Zeitgenössische Zeugen seines Spiels berichten, dass er Pausen (natürlich nicht nur Pausen!) stets psychologisch-musikalisch – im Sinne der von ihm selbst geforderten „Prosodie" – interpretiert habe, also in Bezug auf ihre musikdramatische Bedeutung, fernab jeglichen Metronoms, auch wenn er das Metronom selbst zur (ungefähren) Tempoangabe seiner Werke benutzt hat!

Die Einrichtung eines Stücks muss in jedem Fall so angelegt sein, dass ich beim Auftritt ein Gefühl höchstmöglicher Sicherheit haben kann. Ein so virtuoser Cellist wie Janos Starker stellt die Zuverlässigkeit der technischen Einrichtung eines Werks über Erwägungen zur vielleicht künstlerisch noch idealeren, aber riskanteren Version. Mit gutem Grund: Das Gefühl, eine einzige Stelle in einem Stück nur „vielleicht" zu meistern, erzeugt einen Zustand, der sich letzten Endes auch auf die musikalische Qualität der Interpretation des ganzen Werkes negativ auswirkt. Denn vor einer solchen Stelle entsteht unnötige Spannung und Angst. Und sollte sie nicht ganz gelungen sein, bleiben die Gedanken hier hängen, statt sich auf das weiterfließende „Jetzt" zu fokussieren.

Das Prinzip der sichersten Einrichtung gilt z.B. bei Streichinstrumenten für alle Fingersätze und Bogenstriche: Eine zu langsame Bogengeschwindigkeit, also zu viele Töne auf einen Bogen gespielt (selbst wenn es der Komponist so vorschreibt), vermindert quasi „durch die Hintertür" die Klangkontrolle: Statt laut oder leise spielen zu können, wann ich will, spiele ich laut oder leise, wann ich muss. Die Gestaltung entgleitet mir dadurch und mein Spiel kann leichter von Lampenfieber gestört werden. Ähnliches gilt natürlich auch für den Atem des Bläsers.

Dieses Sicherheitsprinzip trifft für alle Instrumente zu: Wenn aus künstlerischen Gründen gewählte, jedoch riskante oder komplizierte Fingersätze perfekt gelingen, haben sie vielleicht einen winzigen, dem Hörer aber möglicherweise verborgenen ästhetischen Vorteil gegenüber einem „primitiveren" Fingersatz. Misslingen sie jedoch, kippt das ästhetische Bemühen leicht ins Lächerliche um. Die latente Furcht vor dieser Möglichkeit schränkt dann bereits meine Gestaltungsfreiheit ein.

Ich muss also bei der Einrichtung des Notentextes unbedingt dafür sorgen, dass sie sich immer „gut anfühlt". Leichtes gelingt immer, Schweres nur manchmal. Üben heißt ja auch, aus etwas Schwerem etwas Leichtes zu machen, das sich dann für eine freie, fast improvisatorische Mitteilung eignet. Das Schwere bleibt bei vielen Spielern schwer, weil sie es mit einer Moral befrachten, die wichtiger genommen wird als die Transformation des Schweren zum Leichten. Wenn man gegen das Schwere frontal anrennt, bleibt es schwer.

Schweres ist durch Komplexität und durch Geschwindigkeit schwer. Ich kann prinzipiell das Schwere von Anfang an beim Üben sowohl von der Seite der Vereinfachung (z.B. Auflösung der Komplexität durch „rotierende Aufmerksamkeit"³) als auch von der Seite der Verlangsamung zu etwas Leichterem machen.

So haben wir es mit dem eigentümlichen Paradox zu tun, dass zunächst Mut aufgebracht werden muss, um etwas Schweres durch eine kleine Änderung zu etwas vielleicht ganz Naheliegendem, Leichtem zu machen. Schon beim Üben sollten probeweise Varianten (nicht nur rhythmische!) ausprobiert werden. Vorübergehende Textänderungen, Auslassungen, Einschübe – all dies sind Methoden, die garantieren, dass die einzelnen Übedurchgänge sich tatsächlich gut, d. h. sicher anfühlen.

Die Empfehlung zu einer eigenen, möglichst „leichten" (sicheren) Einrichtung eines Werks ist keine Aufforderung zur Willkür, zur Abkehr vom erkannten Willen des Komponisten, sondern – im Gegenteil – zur Findung der eigenen Selbstständigkeit bei der Realisierung dieses erkannten Willens. Hierzu gehört der Mut zur Abweichung von ausgetretenen Pfaden. So gesehen ist die Übernahme der eigenen Verantwortung ein großer Schritt zur Bewältigung des Lampenfiebers. Umgekehrt zwingt mich das Lampenfieber, diese Verantwortung auch wirklich anzunehmen!

2. Mut zum Ausdruck

Es erfordert Mut, einen Ausdruck in ein Stück zu legen, zu dem man sich bisher nicht bekannt hat, aus Angst, sich vor sich selbst oder anderen zu „outen". Emotionales, expressives Experimentieren bei der Erarbeitung einer Interpretation ist

---

[3] Unter „rotierender Aufmerksamkeit" ist eine Übemethode zu verstehen, bei der sich die Aufmerksamkeit nur auf jeweils einen einzigen Aspekt richtet, unter Vernachlässigung aller anderen. Dann wird die Aufmerksamkeit auf einen anderen Aspekt gerichtet, sodass schließlich, bei der Wiederkehr des ersten Aspekts, eine Art „rotierendes Üben" entsteht (G. Mantel: *Cello üben*, Mainz 1999, S. 171; s. auch „Das motorische Gedächtnis").

aber offensichtlich die Voraussetzung für eine überzeugende Darstellung. Es gibt eine eigenartige musikalische Handwerksideologie, von allerlei Legenden umsäumt, der zufolge ein technischer Ablauf zuerst außerhalb jeder musikalischen Vorstellung „richtig" sitzen muss („der soll erst einmal eine richtige Tonleiter spielen, bevor er Musik machen will"), bevor dann die ausdrucksvolle künstlerische Darstellung „ganz von selbst" kommt („erst die Technik, dann die Musik"). Kommt sie wirklich ganz von selbst?

Das musikalisch mutige Anti-Lampenfieber-Verhalten in Bezug auf den Ausdruck kann ich schon im stillen Kämmerlein „trainieren", wo mich noch kein Anzeichen von wirklichem Lampenfieber stört. Vielleicht lege ich in eine bestimmte Stelle einer Bach-Suite extra einen Ausdruck, von dem ich vermute, dass Herr X ihn als zu „romantisch" kritisieren wird. Wie groß ist die Autorität, ja die Verfügung über mich von Herrn X? Wenn ich diesen befreienden Gedanken sozusagen „abgehakt" habe, kann ich mich wohlgemut auf das konzentrieren, wovon ich vielleicht einen anderen Hörer überzeugen möchte, statt auf das, woran Herr X sich stoßen könnte!

Individuelle Ausdrucksspielräume müssen auch im Unterricht gefördert werden. Der Schüler hat viel zu oft die Vorstellung eines fixierten, starren, „gültigen" Klangbildes einer Komposition. Ein guter Lehrer wird bei der Beurteilung einer Interpretation eines Studenten über einen recht beachtlichen Spielraum verfügen. Er wird sich z.B. fragen, ob eine bestimmte Version, die er selbst bevorzugt, vielleicht beim Schüler weniger angebracht ist, mit dessen künstlerischer Persönlichkeit weniger übereinstimmt. Er wird sich vielleicht auch fragen, ob die Version des Schülers in dessen gegenwärtigem Entwicklungsstadium lieber unkritisiert bleibt, obwohl ein anderer Lehrer, Prüfer, Kollege, Hörer diese Version oder diesen Aspekt kritisieren würde. Er wird sich fragen, ob eine Version, die der Schüler selbst entwickelt hat, vielleicht als Motivationselement viel wichtiger ist als eine reifere, einem späteren Alter vorbehaltene, jetzt aber „übergestülpte" Alternative.

Dies gilt in besonderem Maße für das große Thema der Ausdrucksbewegungen: Ein Schüler fängt möglicherweise über eine zunächst übertriebene Ausdrucksbewegung (endlich!) an, seine eigene gestische Fähigkeit, seinen damit verknüpften musikalischen Ausdruck zu erweitern. Für die gegenwärtige Phase des Schülers kann diese Übertreibung genau das Richtige sein. Der methodisch ausgerichtete Lehrer verwendet Übertreibungen als Ausdrucksstimulus; der nur auf optimale ästhetische Vorgaben ausgerichtete Lehrer versucht sie hingegen zu vermeiden. Der Spieler selbst gewinnt durch eine Übertreibung, ja vorübergehende Karikierung durchaus einige interessante Informationen über den vielleicht von ihm selbst intendierten, aber noch nicht richtig gewagten Charakter einer Phrase. Übertreibung eines Ausdrucks fordert und fördert Mut!

3. Mut zur Mitteilung

Musik ist Ausdruck und Mitteilung. Ausdruck betrifft mehr mich selbst, ich lebe mich durch ihn gewissermaßen aus. Mitteilung betrifft den Hörer. Es ist eigenartig, dass der tiefste Sinn von Musik überhaupt, nämlich die Mitteilung an den Zuhörer (und Zuschauer), in der Musikausbildung nur eine vergleichsweise geringe Beachtung erfährt und meist dem Ausdruck untergeordnet ist. Wenn es richtig ist, was Kommunikationspsychologen sagen, dass nämlich der Erfolg einer Kommunikation vom Empfänger abhängt, dann muss ich mich als Interpret vor allem darum kümmern, welche Aufnahmefähigkeiten, Verarbeitungsmöglichkeiten und Erwartungen der Hörer mitbringt. (Es sei hier daran erinnert, dass Künstler und Hörer ein System von aufeinander bezogenen Partnern darstellen.) Ich muss weitgehend bestimmen, wie er auf mein Spiel reagieren soll. Dies bedeutet, dass ich Regie führen muss, damit mein Spiel den Hörer in höchstmöglichem Maße erreicht und ihm verständlich wird. Die implizite Frage an den Hörer „Verstehst du mich auch?" muss mein übergeordnetes Motto sein.

Dies setzt allerdings voraus, dass ich überhaupt etwas mitteilen will und kann. Wenn ich einen Text in einer Fremdsprache, die ich nicht beherrsche, buchstabengetreu vorlese, kann man kaum von Mitteilung sprechen. Mangels Sprachmelodie und spezifischer Sprachartikulation werde ich einen der Sprache kundigen Hörer kaum von Inhalt und Sinn des Textes überzeugen können und wohl bestenfalls Heiterkeit ernten.

Als Interpret von Musik bin ich in einer ähnlichen Rolle: Wenn ich die Musik nicht in ihrem Sinn vollkommen verinnerlicht habe, was natürlich meine persönlichen Eigenheiten als Musiker unabdingbar mit einschließt, kann ich sie nicht interpretieren. Ich kann nur mein persönliches Verständnis, meine persönliche Deutung der Musik interpretieren, nicht den „objektiven", gedruckten Text. Gelingt es mir nicht, den Sinn einer Musik zu vermitteln, kann ich mich nicht auf die Noten, nicht auf den Herausgeber, nicht auf meinen Lehrer, noch nicht einmal auf den Komponisten berufen.

Das Recht zur Mitteilung meiner persönlichen Idee eines Werkes muss ich mir nehmen, was ebenfalls eine gewisse Portion Mut erfordert. Als Spieler muss ich über die fehlerfreie „Erledigung" – auch die ausdrucksvolle – meines gespielten Stücks einen großen Schritt hinausgehen: Ich bin für die „Verständlichkeit" verantwortlich! Wenn ich diese Aufgabe im Blick habe, verringert sich die Angst vor der möglicherweise negativen Beurteilung durch irgendeinen Hörer, und zwar schon im Stadium der Vorbereitung auf ein Konzert. Statt mich im System „Künstler – Hörer" als Objekt des Hörers zu sehen, nehme ich einen Perspektivenwechsel vor und sehe den Hörer als mein „Objekt", meinen Ansprechpartner, meine

Zielperson, die ich von einer Sache, die ihm ganz oder in einem Detail vielleicht neu ist, überzeugen will. Die Denkrichtung dreht sich um. (Selbst wenn der Hörer ein Stück schon kennt, so kennt er doch meine Interpretation noch nicht!)

Diese gedankliche Richtungsumkehr hat oft verblüffende Konsequenzen. Die Vorstellung, „ich erzähle mit der Darstellung eines Musikstücks einem vierjährigen Kind eine Geschichte", verschiebt den Fokus meiner Bemühungen weg von mir – erstens auf das erzählende Moment und zweitens auf den Empfänger meiner „Botschaft". Warum die Vorstellung eines Kindes? Ich „erschaffe" mir damit einen Ansprechpartner, der viel unmittelbarer von Eindrücken als von Begriffen bewegt wird. Meine Musik arbeitet zunächst mit sinnlichen, unbewusst verarbeiteten Eindrücken und erst in größeren Zeitstrecken, bei der Schaffung umfangreicherer geistiger Ordnungen, auch mit bewussten Begriffen, die sich ein Hörer dann bilden kann – wenn er will. Die Vorstellung, ein Kind beeindrucken zu wollen, ihm etwas Spannendes erzählen zu wollen, schärft unmittelbar und ohne Aufmerksamkeit auf Details das Profil meiner Darstellung. Musikalische Mitteilung hat ein Element von Regression, d.h. Rückgriff auf kindliches Bewusstsein in sich.

Der Zusammenhang zum Lampenfieber ist evident: Ich bin der aktive und verantwortliche Teil des Systems, nicht das Publikum. Wenn ich mich schon bei der Vorbereitung in meiner Vorstellung als der aktive Teil verstehe, brauche ich keine Angst zu haben. Man hört bei Aufführungen ziemlich deutlich, ob ein Musiker eine Idee hat, die er interpretieren, „erklären" will, oder ob er sich auf den Standpunkt zurückzieht, dass der Komponist wohl schon gewusst haben muss, warum er diese Musik schrieb und was er mit ihr ausdrücken wollte.

4. Mut zur Einmaligkeit

Jeder Mensch ist ein Original, kam in dieser Form noch nie vor und wird in dieser Form nie wieder vorkommen. So trivial diese Feststellung ist – das Gefühl von Einmaligkeit kann einerseits zu einem Bewusstsein individueller Bedeutung, andererseits aber auch leicht zu einem Gefühl von großer Isoliertheit führen. Dieses Isolationsgefühl kann während des Lampenfieberzustands den Wunsch entstehen lassen, doch so zu sein „wie alle", also ohne individuelles Profil, das an dieser Vereinzelung „schuld" ist. Dem Bewusstsein der Einmaligkeit ist das Wissen um die Ähnlichkeit eines solchen Gefühls bei allen Menschen gegenüberzustellen. Jeder einzelne der mir gegenübersitzenden Menschen im Publikum ist ebenso einmalig und würde sich in einer ähnlichen Situation vielleicht genauso isoliert fühlen wie ich. Wir haben es also mit zwei gegensätzlichen, sich ergänzenden Prinzipien zu tun, nämlich dem der Einmaligkeit jedes Einzelnen und dem der Ähnlichkeit aller Menschen.

Wenn ich meine eigene Einmaligkeit vollkommen akzeptiere und als „einmalige" Herausforderung als Künstler verstehe, verliert das Isolationsgefühl seinen Schrecken. Diese Einmaligkeit gibt mir als Mensch nämlich Kraft und Mut und verbindet mich darüber hinaus mit den anderen. In Bezug auf unsere jeweilige Einmaligkeit sind wir alle gleich! Erst durch das Gefühl meiner Einmaligkeit (das überhaupt nichts mit Überheblichkeit zu tun hat!) werde ich in den Stand versetzt, mit dem Publikum zu kommunizieren, mit diesen vielen ebenfalls einmaligen, jeweils isolierten Menschen, denen ich „etwas zu sagen" habe, was uns „beide" angeht. Das Konzerterlebnis schafft ein Kommunikations- und Beziehungsnetz und hebt insofern unter Ausnutzung aller „Einmaligkeiten" die jeweilige Isolation aller auf – aber nicht in Form einer Front zwischen mir und den anderen, sondern in Form des Gefühls einer universellen Gemeinsamkeit von lauter einzelnen, einmaligen Individuen. Wir sind eine Lampenfiebergemeinschaft! So kann ich denn mit dem Vorsatz aufs Podium treten, die Isolation jedes einzelnen meiner Zuhörer und damit auch meine eigene in einem künstlerischen Akt „gemeinsamen Erlebens" abzubauen.

Auch dieses Gedankenspiel ist eine Art „Mutübung", die schon lange vor einem Auftritt, zu einem Zeitpunkt, zu dem ich nicht unter Lampenfieberdruck stehe, ausprobiert werden sollte. Ich kann dadurch gewissermaßen meine ganz persönlichen „Anti-Lampenfieber-Batterien" aufladen. Solche Imaginationen haben darüber hinaus noch den großen therapeutischen Gewinn, dass die Konzertsituation im Vorhinein mental durchgespielt und so noch mehr zu einer vertrauten Gewohnheit wird.

5. Mut zur Charakterisierung

Eine Mitteilung, auch eine musikalische, wird nur dann „verstanden", wenn sie nicht erst allzu mühsam vom Empfänger dechiffriert werden muss. Mit anderen Worten: Eine musikalische Mitteilung braucht einen Charakter, eine Geste, die dem Hörer hilft, den Sinn, den Inhalt der Musik zu entschlüsseln. Dieser Charakter geht für den Interpreten im Allgemeinen nicht direkt aus dem Notenbild hervor; er muss das Notenbild zunächst selbst „entschlüsseln", eine Tätigkeit, die oft einfach übersprungen wird, da die direkte Übertragung von Noten in Klang ja durchaus schon ein Ergebnis mit einer gewissen Mindestplausibilität erzeugt. Eine solche „Allerwelts-Plausibilität" lässt aber offen, welche musikalische Deutung und Bedeutung nun e i g e n t l i c h gemeint ist.

Hier erhebt sich natürlich die Frage, welche „Idee", welchen Charakter der Komponist, den ich ja kaum je fragen kann, beabsichtigt hat. Ich könnte irrtümlich einen anderen

Ausdruck, als der Komponist sich gedacht hat, in eine Musik legen. Wenn ich die Musik aber „charakterlos" spiele, kann ich keinen Fehler machen, lasse vielmehr alles offen, schiebe die Verantwortung dem Komponisten zu, bin so „fein raus".

Diese „Rechnung", die wohl meist halb unbewusst abläuft, geht allerdings nicht auf. Die Erlebnislinien des Hörers verlaufen anders: Ein Mangel an Eindeutigkeit vermittelt den Eindruck, dass der Interpret selbst keine ganz genaue Vorstellung vom Sinn seiner Musik hat. Diese Unverbindlichkeit übersetzt sich für den Hörer in Langeweile. Seine Aufmerksamkeit lässt nach, die Musik geht ihn nichts an.

Der Charakter, sei er gestisch, „episodisch" oder sonstwie assoziativ verankert, wird letzten Endes vom Interpreten bestimmt, nachdem er die Komposition nach bestem Wissen (stilistisch, historisch, biographisch) und Gewissen für sich entschlüsselt hat. Da die Musik keine Sprache mit direkt semantischem Inhalt darstellt, können der Komposition auch ganz unterschiedliche persönliche Assoziationen gerecht werden, selbst wo der Komponist vielleicht eine ganz andere – semantisch definierte – Assoziation gehabt haben mag. Etwas überspitzt könnte man deshalb sagen: Es ist besser, einem Stück eine „falsche" Charakterisierung zuzuordnen als gar keine.

Der musikalische Handlungsstrang, der sich an einer assoziativen Schiene (z.B. an einem Bild oder einer kleinen Geschichte) festmacht, führt mich konsequent durch ein musikalisches Gebilde (z.B. ein Motiv, eine Phrase, eine Verszeile, einen Satzteil), vor allem, wenn ich diesen Handlungsstrang selbst geschaffen oder zumindest mitgeschaffen habe. Auch die Vorstellung einer graphischen Darstellung für einen einfachen dynamischen Klangverlauf kann als mentale Schiene wirken, z.B. eine (asymmetrische) Wurfparabel, eine Mulde oder eine Bergkette.

Diese Assoziationen fließen bei der Arbeit an der „Regie" in das Gesamtbild des Spiels ein; sie können, müssen aber nicht unbedingt beim Vortrag als solche präsent sein. Bei einer Interpretation ohne „Idee", d. h. ohne strukturellen Plan und ohne erlebte emotionale Befindlichkeit, engt sich der interpretatorische Freiraum ein, die musikalischen Wahl- und Improvisationsspielräume schrumpfen zusammen. Übrig bleibt die Dauerfrage nach dem technischen „Richtig-falsch" und damit steigt die Angst vor dem Fehler. Der Übeaufwand zur Schaffung eines Ideenprofils wirkt sich also direkt in Form von gesteigerter technischer Sicherheit auf dem Podium aus.

Im Allgemeinen bezieht sich der größte Teil des Übeaufwands auf rein technische Probleme, wie Intonation, Griffsicherheit, artikulatorische Klarheit, rhythmische Sauberkeit und Gleichmäßigkeit, was tatsächlich unabdingbar ist. Wie bereits erwähnt, hört man oft den Satz: „Wenn die Technik da ist, für die ich 98 % meiner Zeit einsetze, dann kommt der ‚musikalische Rest' von selbst, denn ich bin ja musikalisch" – ein Irrtum, der sich letzten Endes auf dem Podium in beide Richtungen negativ auswirkt, sowohl in der musikalischen Darstellungskraft als auch in der technischen und mnemotechnischen Realisation. Da dem Spieler dieser Zusammenhang e i g e n t l i c h durchaus in Form eines schlechten Gewissens bewusst ist, erhöht sich das Lampenfieber mit dem vagen Schuldbewusstsein dieses Defizits.

Charakterisierung geht nicht selbstverständlich aus dem hervor, was man allgemein als „Musikalität" bezeichnet; sie ist auch nicht gleichbedeutend mit einer sich daraus ergebenden Expressivität. Expressivität ist nicht Charakterisierung, sie kann diese sogar verhindern. Ein expressives Spiel ohne eine spezifische Idee davon, was es eigentlich ausdrücken will, kann in seiner expressiven Gleichförmigkeit genau so langweilig sein wie ein „unexpressives" Spiel. Die Profilarmut eines „Dauer-Espressivo" findet dann lediglich gleichsam auf einer höheren Ebene statt. So kann z. B. bei einem Streicher ein „nachgezogener Ton" durchaus eine expressive Wirkung haben. Als Dauerverhalten entlarvt es sich als bedeutungslos, es beschreibt nichts als sich selbst, führt nirgends hin, kommt von nirgendwo her, baut keine musikalische Syntax auf.

Zusammenfassend gilt: Der geistige Aufwand, der zu einer Charakterisierung nötig ist, schlägt sich direkt in zusätzlichen Gedächtnisspuren nieder und diese wiederum führen zu erhöhter Sicherheit. Die Arbeit an der Charakterisierung eines Musikstückes im Vorfeld wirkt also dem Lampenfieber auf dem Podium direkt entgegen. Aber: Sich für eine bestimmte Charakteristik zu entscheiden, erfordert Mut!

6. Mut zur Variation

Zur Charakterisierung eines Werks brauche ich die Fähigkeit, Musik in all ihren Parametern zu variieren. Auch der Hörer ist auf ein variantenreiches Spiel angewiesen, wenn seine Aufmerksamkeit nicht erlahmen soll. Während des Übeprozesses habe ich immer die Möglichkeit, mehrere Ausdrucksvarianten eines Themas, eines Motivs zu finden, zu vergleichen und die bessere Variante auszuwählen. Aus mehreren Versionen die beste auszuwählen, ist entschieden leichter, als auf den inspirierten Moment zu warten, um – ausgehend vom Nullpunkt meiner Phantasie – eine ideale Form zu finden. Inspiration kann man zwar nicht herbeizwingen, man kann sie aber durch kreativen Vergleich provozieren, statt passiv auf den Moment der Erleuchtung zu warten – mit entsprechenden Selbstzweifeln, die natürlich das Lampenfieber fördern!

Diese Variationen spielen sich in den meisten Fällen in dem subtilen Bereich ab, den die Notenschrift nicht mehr zu bezeichnen in der Lage ist. Und hier ist Mut gefragt: Ich muss, um diesen künstlerischen Weg zu beschreiten, den Mut zur

Variation innerhalb eines ohne jede Variation notierten Textes aufbringen. Die oft missverstandene Forderung nach Texttreue kann meine Phantasie gerade an der Stelle abblocken, wo sie eigentlich ansetzen müsste, nämlich da, wo dem Notentext rein formal schon „völlig richtig" Genüge getan ist.

Je starrer und unvariabler ein Text eingeübt ist, desto „brüchiger" wird er im „Ernstfall" der Aufführung. Dies bezieht sich in erster Linie auf Rhythmus, Tempo und Dynamik. Die Podiumssituation verführt zu einem zwanghaften Festhalten an starr eingeübten Schemata und erhöht gerade dadurch die Gefahr von Gedächtnisfehlern (eigentlich ist jeder Fehler, auf unterschiedlichen Ebenen, ein Gedächtnisfehler).

Zum Mut zur Variation gehört der Mut, während des Übens bei technischen Aspekten vielfältig zu variieren: Auftaktmuster ändern, Töne weglassen, Töne und Pausen hinzufügen, Intervalle zu Übezwecken ändern etc. Bei Sprungübungen kann man durchaus erfolgreich Start- und Zielton einige Male austauschen oder das Sprungintervall übend variieren. Auch sollte man rhythmische Varianten suchen; nicht alle sind jedoch sinnvoll, manche sogar ausgesprochen schädlich! Schon beim rein technischen Üben erweist sich, dass Phantasie und Mut sehr verwandte Eigenschaften eines Musikers sind.

Der Mut zur Variation beinhaltet also auch den Mut zu einer vorübergehenden Abänderung eines vorliegenden Notentextes. Die Veränderung eines Textes zu Übezwecken bietet große methodische Ressourcen, auf die man keinesfalls verzichten sollte. Ein Beispiel für Streicher: Zur Erarbeitung einer sauberen Doppelgriff-Intonation ist es besser – in Abweichung eines vorgeschriebenen Bindebogens – „viel Bogen" zu nehmen, damit die Tonhöhe nicht durch Druckungenauigkeiten dauernd leicht verfälscht wird, auch dann, wenn die linke Hand völlig sauber greifen sollte.

Ein anderes, für alle Instrumente zutreffendes Beispiel: Die Änderung des Auftaktmusters bei schwierigen Passagen (man kann in Sechzehntelläufen einen, zwei oder drei Töne als Auftakt für den nächsten Schwerpunkt denken) oder gar die gedankliche Verschiebung des Taktstrichs um einen Ton stellt für die gleiche Tonfolge jeweils eine völlig neue Aufgabe dar und ist eine enorme Übehilfe!

Die Vorstellung von Zwischentönen auf einem Griffbrett oder auf einer Tastatur ist bekanntlich zur räumlichen Vergegenwärtigung der Tonabstände, oft auch der Bewegungsverläufe, hilfreich. Wenn man nun den Notentext vorübergehend ändert und solche Orientierungstöne nicht nur imaginiert, sondern real erklingen lässt, prägen sich die Abstände noch genauer ein, als wenn sie nur mental gedacht sind. Klingend haben sie einen zusätzlichen Einprägeeffekt!

Die Forderung nach einem variantenreichen Üben bezieht sich allerdings nicht auf die Grundeinrichtung des technischen Ablaufs. Auf dem Podium sollten Entscheidungen über Fingersätze möglichst nicht mehr getroffen werden müssen, da sie Zeit erfordern und Aufmerksamkeit absorbieren, die der spontanen musikalischen Gestaltung zugute kommen sollten.

7. Mut zur Dynamik

Der Begriff der „Texttreue" verbindet sich gelegentlich mit der Empfehlung, keine zusätzliche Dynamik zu der vom Komponisten bereits angegebenen zu verwenden. Dazu ist Verschiedenes anzumerken: Zunächst einmal kann ohnehin niemand ohne (eigene) Dynamik spielen. Wenn man sich die Lautstärkeanzeigen an einem Aufnahmegerät während des Spiels anschaut, ist man oft verblüfft über riesige Zeigerausschläge an Stellen, an denen man doch eigentlich gar nicht lauter oder leiser werden wollte. Lautstärkeunterschiede entstehen ohne absichtliches Zutun eines Spielers. Die Frage ist, ob man es dabei belassen will, denn diese Abweichungen sind natürlich nicht künstlerisch intendiert, sondern unterliegen dem Zufall. Geräusche, Bogenwechsel, kleine Nachdrücker, Mehrklänge, auch Luft- oder Bogenmangel bzw. -überschuss, Pedal- und Resonanzeffekte etc. lassen solche Abweichungen von einer Grunddynamik ununterbrochen von selbst entstehen.

Außerdem gibt es – glücklicherweise – keine Möglichkeit in der Musik, analog zu den Metronomzahlen Vorschriften zu absoluten Lautstärken etwa in Dezibel zu machen. Die Lautstärkegrade, die ein Instrumentalist oder Sänger in einem gegebenen Augenblick erzeugt, hängen von so vielen künstlerischen, akustischen, räumlichen und ensemblebedingten Faktoren ab, dass es für den Komponisten ein Unding wäre, Lautstärkegrade genau zu notieren. Wie laut ist ein Piano? Ist es ein Klang eines Solisten, der über das Orchester hinausklingen muss? Da kann es ein veritables Forte sein! Oder ist es ein Kontrast zu einem vorherigen Fortissimo? Hier kann es ein hauchdünnes Pianissimo sein. Ein Piano kann also je nach Zusammenhang zwei ganz verschiedene Lautstärken bezeichnen.

Aber auch die relativen – notierten – dynamischen Angaben eines Komponisten sind mit Vorsicht zu genießen. Wenn Mozart in einer Sinfonie oder einer Sonate seitenlang nichts außer einem lapidaren Piano vorschreibt, dann bildet dies nur den dynamischen Rahmen für ein charakterisierendes, dynamisch flexibles Spiel. Bis auf die seltenen Gelegenheiten in der Musik, bei denen eine extrem gleichmäßige Dynamik – als Abwesenheit jeglichen „Ausdrucks" – eine eminent starke Ausdruckskraft besitzt, bewegt sich Musik immer dynamisch. Allein schon das Gesetz der Wahrnehmung beim Hörer, dass nämlich nur das wahrgenommen wird, was sich ändert, verlangt dynamische Differenzierung. Jede Phrase hat ein immanentes dynamisches Profil, wenn sie als solche wahrgenommen werden will. Musik ist Energiefluss, nie statischer Zustand.

Schreibt ein Komponist ein Crescendo vor, dann erhebt sich die aus dem Kontext herauszulösende Frage, welchen Verlauf dieses haben soll. Der Komponist hat keine Möglichkeit, die wichtigsten Parameter eines Crescendos aufzuzeichnen. Weder kann er notieren, wie laut der Anfang, noch wie laut das Ende ist, und – fast noch wichtiger – in welcher Kurvenform es verläuft. Gedruckte Gabeln signalisieren jedenfalls eine ästhetisch ziemlich „wertlose" Gleichmäßigkeit eines Anschwellens. Musikalisch zwingend sind hingegen immer bogenförmige Entwicklungen, also Crescendi und Diminuendi in Kurvenform.

Das Wissen um die fast unbegrenzte Relativität von Dynamik und dynamischen Verläufen hat Konsequenzen für das Thema „Lampenfieber". Innerhalb der dynamischen „Vorschriften" hat der Interpret einen riesigen, oft ungenutzten Spielraum. Wenn er schon beim Üben diesen Spielraum kennt und variabel ausnutzt, stehen ihm auf dem Podium unzählige spontan zu ergreifende Optionen zur Verfügung, die er je nach seiner momentanen Eingebung verwenden kann. Er nähert sich damit dem Verhalten eines guten Redners an, der ja einen größeren Rahmen für Darstellung und Korrektur hat als ein Musiker mit seinen ziemlich festgelegten Vorgaben.

All diese Überlegungen sollten nicht zu dem Missverständnis führen, dass hier „Beliebigkeit" empfohlen wird. Das Gegenteil ist der Fall: Eine dynamisch und rhythmisch scharf konturierte Darstellung zu erzeugen, erfordert sowohl Mut zu Phantasie als auch Präzision und Disziplin. Dazu gehört auch der Mut zum starken Kontrast. Oft wird ein dynamisches Profil zwar stark empfunden, aber nur schwach realisiert. Eine subjektive Übertreibung kann nötig sein, um ein dynamisches Profil für den Hörer erfahrbar zu machen. Das Ziel ist, im Konzert eine Aussage von größter Eindeutigkeit und Bestimmtheit zu machen und dem Hörer die eigene Ausdrucksbefindlichkeit vollkommen unmissverständlich zu übermitteln.

8. Mut zur freien Tempogestaltung

Auf die Wahrnehmung von Zeitgestalten als nicht-metronomische Einheiten wurde schon eingegangen (s. S. 47f.). Musik ist Kunst in der Zeit, künstlerischer Umgang mit Zeitproportionen. Agogik, also rhythmische Varianz, ist keine Option, die ich entweder verwenden oder auf die ich verzichten kann. Die Frage heißt: Verwende ich Agogik in künstlerisch gestaltender Absicht oder überlasse ich sie dem Zufall? Der Versuch, einem „im Hinterkopf" tickenden Metronom zu folgen, ist gleichbedeutend mit einem mutwilligen Verzicht auf Zeitgestaltung. Die hierbei unweigerlich auftretenden, aber musikalisch beliebigen und daher sinnlosen rhythmischen Zufallsabweichungen zerstören den Puls, der das eigentliche künstlerische Metrum darstellt. Der Puls ist aber von Ereignissen abhängig – im Leben wie in der Musik.

Der Verzicht auf bewusste Tempogestaltung erhöht das Lampenfieber, da der Interpret sehr wohl das „Zerbröseln" des Pulses als ästhetisches Defizit wahrnimmt, dem er nichts entgegenzusetzen hat. Der Versuch „noch metronomischer" zu spielen, verstärkt dann nur die Unsicherheit.

Es gibt ein paar einfache Übungen, die manchem auf überraschende Weise helfen, diese Dimension zu erschließen. Der Autor hat bei Seminaren oft die simple Aufgabe gestellt, eine Tonleiter durch zwei Oktaven völlig gleichmäßig zu beschleunigen und wieder zu verlangsamen. Auch versierten Spielern gelang dies meist erst nach mehreren Versuchen. Eine Gleichmäßigkeit auf der Ebene der Beschleunigung (nicht der Geschwindigkeit) zu erzielen, stellt oft eine völlig ungewohnte Aufgabe dar. Wenn dann noch die Aufforderung hinzutritt, Crescendo und Diminuendo mit Accelerando und Ritardando zu kombinieren, muss zunächst ein Ausdrucksverhalten gefunden werden, das diese „quantitativen" musikalischen Varianten überhaupt erst qualitativ erlebbar macht.

Zugegebenermaßen erscheint ein solcher etwas schematischer Einstieg in den Bereich aktiver Agogikgestaltung in mehrfacher Hinsicht überraschend:
- Die oben gestellte Aufgabe verblüfft; sie steht im Gegensatz zum verinnerlichten Ideal der Gleichmäßigkeit.
- Sie gelingt trotz ihrer Simplizität oft erst nach mehreren Versuchen.
- Sie bringt bei Gelingen ein oft überraschendes ästhetisches und expressives Erlebnis für den Übenden.
- Sie schärft die Wahrnehmung rhythmischer und agogischer Prozesse. (Auch größte Gleichmäßigkeit einer Tonfolge wird – so gesehen – zum gewollten „Sonderfall" eines bewusst gestalteten Rhythmus statt eines dem Metronom überlassenen Zufallsrhythmus.)

Diese Übung lässt sich Gewinn bringend auf Abläufe mit gleichmäßigen Notenwerten innerhalb einer zu übenden Komposition oder auch auf eine Etüde übertragen, unter der einfachen Maßgabe, immer entweder zu beschleunigen oder zu verlangsamen. An welcher Stelle das eine oder das andere geschieht, bleibt dem Übenden zunächst überlassen. Es stellt sich für ihn dann mit Sicherheit sehr bald heraus, dass es ästhetisch nicht gleichgültig ist, wo beschleunigt und wo verlangsamt wird. Mit den Mitteln zur Flexibilisierung tritt auch der Gegenstand dieser Flexibilisierung, nämlich die syntaktische Struktur, die energetischen Verläufe, die musikalische Phrase, deutlicher ins Bewusstsein.

Von der gewonnenen Freiheit auf dem Feld der Agogik profitiert übrigens auch das technische Bewegungsgeschehen selbst. Wenn ich Accelerandi und Ritardandi dann einfügen kann, wenn ich will, wie ich will, und nicht dann, wenn und wie ich muss, habe ich einen größeren Freiheitsgrad und damit auch technischen Sicherheitsgrad für das Podium e i n g e ü b t. Ich übe damit direkt dem Lampenfieber entgegen.

9. Mut zur Geste

Der französische Kulturphilosoph Marcel Jousse betrachtet die Geste als die ursprünglichste Ausdrucksform des Menschen überhaupt. Er ordnet dieser Geste sogar die Sprache unter, indem er diese als eine kodifizierte, ausdifferenzierte Geste versteht. Auch die Musik ist nach dieser Sichtweise eine ausdifferenzierte Geste. Allerdings: Wo bei der Sprache im Laufe der kulturellen Entwicklung des Menschen die Differenzierung in Richtung semantischer Inhalte und deren Mitteilung bis hin zu abstrakten Begriffen verlief, repräsentiert die Musik direktes Erlebnis und direkte Mitteilung des emotionalen Aspekts der Geste – ohne präzisen semantischen Inhalt.

Diesen Überlegungen entsprechen auf überraschende Weise Ergebnisse der neueren psychomotorischen Forschung. Jede Geste ist Ausdruck und Mitteilung auf der Basis von muskulärer Aktivität und deren Empfindung. Und umgekehrt ist jede Emotion, ja sogar jeder Gedanke an die jeweils spezifischen muskulären Konstellationen gebunden, die diese Emotionen und Gedanken repräsentieren.

Von Musikern kann man oft die zunächst einleuchtende Behauptung hören, dass die Klangvorstellung die erste, ja wichtigste, wenn nicht sogar einzige Voraussetzung für eine musikalische Interpretation darstellt. Diese These wird oft durch eine weitere ergänzt, dass nämlich in dem Augenblick, in dem nur die Klangvorstellung deutlich und stark genug vorhanden ist, die körperlich-technische Realisation sich ganz von selbst einstellt. So wird eine monokausale Beziehung zwischen Klangvorstellung und Klang hergestellt.

Gewiss ist, dass ohne eine musikalische Klangvorstellung Interpretation nicht möglich ist. Doch vor der Klangvorstellung liegt noch eine andere, noch ursprünglichere Vorstellung: die Vorstellung der geradezu körperlichen Geste, aus der heraus ein Komponist ein Werk, ein Thema, ein Motiv geschrieben hat, die ihn also zu seiner Klangvorstellung motiviert hat oder wenigstens haben könnte.

Die Behauptung, die Klangvorstellung führe automatisch zur Klangrealisation, ignoriert, dass beide, Klang und Klangvorstellung, aufeinander rückgekoppelt, miteinander vernetzt sind, also einen Regelkreis darstellen. Dies bedeutet, dass die körperlich-instrumentale Realisation eines Klangs Rückwirkungen auf die Klangvorstellung hat. Im positiven Fall: Das neu erlernte Verfügen über eine technische „Fertigkeit", wie z.B. ein besonders schönes Vibrato, animiert natürlich auch den Wunsch nach seiner Anwendung, also eine **Modifikation der Klangvorstellung**. Im negativen Fall: Es lässt sich oft beobachten, dass eine „zerübte", aber technisch immer noch nicht einwandfrei gelungene Stelle sich in dieser defizitären Form so tief einprägt, dass dadurch schon die Klangvorstellung einer besseren Alternative blockiert ist. Der reine Wunsch, die Stelle möge doch „besser" gelingen, ist ja nicht das Gleiche wie eine konkrete Klangvorstellung! Klangvorstellung und deren Realisation bilden einen Regelkreis, sind voneinander abhängig. Der Körper ist mehr als das Ausführungsorgan der musikalischen Idee: Er beeinflusst die musikalische Idee!

Interessant ist nun, dass viele Spieler weniger Schwierigkeiten haben, sich einen Klangverlauf vorzustellen als die davor liegende Geste, die die klangliche Energiestruktur überhaupt erst bedingt. Geste ist hier zu verstehen als ein emotional und sogar körperlich (muskulär) empfundener Energieverlauf, der sich des Energiespiels musikalischer Rhythmen und Intervalle bedient.

Es scheint, dass die musikalische Sprache sich bei vielen Menschen von ihrem Ursprung, der Geste, abgekoppelt hat. Die Ritualisierung musikalischen Verhaltens macht es offenbar möglich, Musik zu machen, ohne sich an den gestischen Urgrund auch nur versuchsweise heranzutasten. Sich eine derartige Geste vorzustellen und sie sogar körperlich zu realisieren, erfordert einen gewissen Mut und scheint oft an einer eigenartigen Schamgrenze zu scheitern, fast als müsste man sich dabei „outen" und Dinge offenbaren, die als zu intim empfunden werden.

Woran liegt diese oft zu beobachtende Scheu? Sie scheint in vielen Fällen in weit zurückreichenden allgemeinen oder spezifisch musikalischen Erziehungsvorschriften begründet zu sein. Diese besagen, dass man einerseits doch künstlerisch bescheiden bleiben soll, statt sich mit einer „ungezogenen" Körpersprache in den Vordergrund zu schieben, und dass man andererseits auf dem Instrument einer „Bewegungsökonomie" huldigen muss.

Wenn hier jedoch Grenzüberschreitungen gelingen, lockt eine reiche Inspirationsquelle. Um an den gestischen Fundus der Musik heranzukommen, genügt in unserem Zusammenhang manchmal zunächst ein „unscharfer" Sprechgesang, der den dynamischen und rhythmischen Entwicklungsfluss eines Stücks symbolisiert. Instrumentalisten sollten von Zeit zu Zeit ihre Stücke auch mit begleitenden Gesten singen (Gebärden, wie sie z. B. ein Chorleiter verwendet, um bestimmte Ausdrucksweisen auf seine Sänger zu übertragen), wobei zunächst kein Ton richtig sauber zu sein braucht, wenn man nicht gerade sängerischen Ehrgeiz besitzt. Leonard Bernstein beispielsweise sang in seinen Orchesterproben schrecklich falsch und doch wusste jeder Musiker genau, was er wollte. In der indischen Musikerziehung wird zuerst zwei Jahre lang nur gesungen, bevor ein Schüler zum ersten Mal an ein Instrument darf!

Jeder Instrumentalist, jeder Sänger sollte neben dem Singen auch das Dirigieren als Inspirationsquelle „anzapfen". Als Dirigent kann ich Musik nicht gestisch ausdruckslos symbolisieren: Ein Orchester würde mich einfach nicht verstehen.

Ein suggestiver Dirigent hat darüber hinaus sogar noch einen weiteren wichtigen Kommunikationskanal: Seine Mimik muss in den musikalischen Übertragungsprozess mit einfließen. Auch die Mimik ist ein Teil des muskulären Spiels unseres Körpers in der Übertragung von Ausdruck auf den Hörer und – wiederum rückgekoppelt – in der Mobilisierung des eigenen Ausdrucksregelkreises des Musikers. Schon C.Ph.E. Bach beschreibt in seinem Werk *Versuch über die wahre Art das Clavier zu spielen* den Musiker als Darsteller von Musik, gewissermaßen auch als Schauspieler:

> *Daß alles dieses ohne die geringsten Gebehrden abgehen könne, wird bloß derjenige läugnen, welcher durch seine Unempfindlichkeit genöthigt ist, wie ein geschnitztes Bild vor dem Instrument zu sitzen. So unanständig und schädlich heßliche Gebehrden sind, so nützlich sind die guten, indem sie unseren Absichten bey den Zuhörern zu Hilfe kommen.*
> (Hier wäre zu ergänzen: und auch dem Spieler selbst!)

Auch wenn diese Äußerung nicht unbedingt im Zusammenhang mit unserem Lampenfieberthema beabsichtigt war, so bleibt bemerkenswert, dass C.Ph.E. Bach „Gebehrden" durchaus auch als Brücke zwischen Künstler und Publikum sieht. In der Gebärde überträgt der Künstler „mutig" seine Ideen auf den Hörer – der „holzgeschnitzte" Spieler aber passt auf, dass er keine Fehler macht.

10. Mut zur Übertreibung

Es gehört Mut dazu, in Ausdrucksextreme zu gehen: Sentimentalität und Ekstase werden oft (fast möchte man sagen als „saure Trauben") lächerlich gemacht, als Kitsch abgetan, bevor man technisch und emotional überhaupt in der Lage wäre, sich einer solchen Grenze zu nähern. Schon im Vorfeld, also beim Üben, kann Angst entstehen, „jemand" könnte mich einer Übertreibung beschuldigen. Übertreibungen sind deutlicher wahrnehmbar als Untertreibungen; das macht sie für jedermann leichter erkennbar und „im Bedarfsfall" kritisierbar. Konsequenterweise werden deshalb Übertreibungen unverhältnismäßig mehr kommentiert und kritisiert als konturarme „Standard"-Interpretationen.

Bei einer von zu vielen Verboten und Vorschriften geprägten und deshalb ausdrucksbehinderten Ausgangslage eines Spielers erscheint oft jede Anreicherung musikalischen Ausdrucks als Übertreibung – zumindest Übertreibung des jetzigen Zustandes. Statt sich davor zu fürchten und irgendeinem fiktiven Über-Ich Verfügungsgewalt einzuräumen, sollte musikalische Übertreibung von Charakter und Ausdruck eines Werkes zum normalen künstlerischen Überepertoire gehören. Diese „Übe-Übertreibung" kann bis zur Karikatur gehen, denn Karikatur kann nur in der absichtlichen, gekonnten Überzeichnung von als charakteristisch erkannten Eigenschaften entstehen. Der Spaß an einer vorübergehenden „Verkitschung" oder Karikierung kann daher quasi durch die Hintertür wichtige Hinweise auf musikalische Charaktere erzeugen. Vergessen wir im Übrigen doch nicht, dass wir Musik „spielen", nicht „malochen"! Als „klassischer" Musiker, der ja einen komponierten Text in seiner Struktur nicht verändern kann, nähere ich mich durch spielerische Übertreibung durchaus der Situation des Improvisators und vermindere so die Furcht, „festgestanzte" Abläufe nicht perfekt wiedergeben zu können.

Übertreibung beim musikalischen Üben wirkt insofern dem Lampenfieber entgegen, als sie mir neue Optionen des Ausdrucks zur Verfügung stellt. Dies wirkt bis hin zur gedächtnismäßigen Sicherheit beim Auswendigspiel. Wo mir mehrere Versionen des Ausdrucks zur Verfügung stehen, habe ich Freiraum. Dies muss allerdings im Vorfeld schon geübt und nicht erst auf dem Podium ausprobiert werden. Ich kann also gerade im zentralen Bereich der Übertreibung, der Übercharakterisierung schon „Mut üben"! Spielerische Übertreibung entfaltet sich auf dem Feld der Dynamik, der Artikulation und vielleicht am stärksten auf dem der Agogik.

11. Mut zur Improvisation

Musikalische Übertreibung erweitert den Ausdrucksspielraum in Richtung Improvisation. Improvisierende Musiker, etwa bei experimenteller Musik oder beim Jazz, haben nicht das Standard-Lampenfieber des „klassischen Musikers", der sich vor einem Black-out und falschen Tönen fürchtet „wie die Maus vor der Schlange". Ihr Lampenfieber bezieht sich höchstens auf die Angst vor Einfallslosigkeit, was ja in der eigentlichen Wirkung noch schlimmer ist als ein falscher Ton oder ein verrutschter Lagenwechsel beim Streicher. Für das Lampenfieber des klassischen Musikers wiegen diese technischen Defizite jedoch – leider! – viel schwerer als der Mangel an Phantasie beim Spielen.

Auch der interpretierende Musiker profitiert von der Fähigkeit zum Improvisieren. Ein Beispiel: Wenn jemand verschiedene Celli oder Geigen ausprobiert und dabei einfach improvisiert, um den Klang zu prüfen und die verschiedenen Instrumente zu vergleichen, spielt er in vielen Fällen besser, mit schönerem Ton, schöneren Tonverbindungen, als wenn er seine in unzähligen Übesitzungen erarbeiteten Standardstücke, etwa die ewigen Probespielstücke wie Haydns D-Dur-Konzert für Violoncello oder Mozarts A-Dur-Konzert für Geige, wählt. Wie kann man das erklären? Er hat doch das viel geübte Stück viel besser „drauf" als die noch nie gespielten improvisierten Melodien!

Des Rätsels Lösung: Wenn er improvisiert, kann er den Klang der Instrumente vergleichen, ohne die geringste Angst haben zu müssen, dass seine Interpretation von irgend jemandem mit einem anderen Spieler verglichen würde. Er kann keine falschen Töne spielen, da er ja auch keine richtigen spielen muss, und er kann sich voll auf den Instrumentenklang konzentrieren. Er spielt so, wie er sein Instrument technisch-klanglich beherrscht, er hat keine Einbrüche von fest gefügten Mustern zu befürchten und er kann nirgendwo hängen bleiben, denn es steht ja vollkommen in seiner Macht, weiterzuspielen oder nicht!

Die Arbeit am Klang kann deshalb besonders gut an frei improvisierten Melodien erfolgen. Improvisierendes Spiel hat auch dort seine „therapeutische" Wirkung, wo noch kein großer Ehrgeiz auf künstlerisch „hochwertige" Musik vorhanden ist: Ein Spieler kann sich hier einfach mit dem schönen Klang des Instruments identifizieren, es sozusagen „lieb gewinnen", ohne irgendwelche Aufgaben erfüllen zu müssen. Es ist also empfehlenswert, den Übetag mit Improvisieren zu beginnen.

Daraus entsteht ein weiterer Gewinn in Hinblick auf das Lampenfieber: Sollte auf dem Podium doch einmal ein Gedächtnisfehler auftreten, bin ich es gewöhnt, „irgendwie" weiterzuspielen. Schon die Gewissheit, dass ich für alle Fälle mit einem solchen „Netz" ausgestattet bin, vermindert die Angst vor einer Blamage, die ich vielleicht bei einem Blackout mit völligem Abbruch befürchte. (Im Übrigen: So mancher berühmte und podiumserfahrene Künstler hat in seinem Leben ein solches Black-out erlebt; es gibt zahlreiche diesbezügliche Anekdoten – selbst über Künstler, deren „Unfehlbarkeit" ansonsten geradezu sprichwörtlich ist!)

Wer viel zeitgenössische, also noch nicht von vielen Vorgaben belastete Musik spielt, schafft sich einen weiteren „Spielraum" als jemand, der nur Musik spielt, die jeder kennt – und kontrollieren kann! Die Spontaneität der Mitteilung des Spielers kann bei unbekannten neuen Werken größer sein als bei bekannten. Da man hier eine Kontrolle durch den Hörer unterstellen kann, entsteht möglicherweise geradezu eine „Interpretationsangst". Zahlreiche Studierende haben durch die Arbeit an neuer Musik zum ersten Mal zu einem ganz persönlichen, „mutigen", auch auf dem Podium stabilen Ausdrucksverhalten gefunden!

12. Mut zur Sprache

Jeder kann sprechen. Es erscheint daher vielleicht etwas eigenartig, im Zusammenhang mit musikalischer Interpretation von „Mut zur Sprache" zu reden. Musik ist auch Sprache. Sie hat verschiedene Eigenschaften, die auch in der gesprochenen Sprache vorkommen, damit Kommunikation überhaupt erst möglich wird. Es sind dies sowohl phonetische als auch syntaktische und semantische Elemente.

Als phonetische Elemente kann man Vokale und Konsonanten bezeichnen. Konsonanten werden leider selbst auf denjenigen Instrumenten, die darüber in reicher Fülle verfügen (wie z. B. Streichinstrumente) nur ausnahmsweise thematisiert. Jeder Tonansatz kann als Konsonant verstanden werden (von hart bis weich, von glatt bis rau), ähnlich denen, die auch von unseren Sprechwerkzeugen produziert werden! Schon beim Üben ist es möglich, mit Hilfe von deklamatorischem Sprechgesang, in dem ja auch Konsonanten verwendet werden, unterschiedliche Artikulationen in das Spiel zu bringen und den Ausdruck zu verstärken.

Bei einem solchen charakterisierenden Sprechgesang können wir übrigens auch das Bedürfnis nach unterschiedlichen Vokalen beobachten (beim Jazz z. B.: „dubidubidu"), die vielleicht nicht als solche auf dem Instrument darstellbar sind, die aber doch Hinweise für unsere Klangvorstellung bieten.

Es ist nicht das Gleiche, ob ich ein Achtel und zwei Sechzehntel als rein motorische Figur erfahre oder als verschieden lange Silben in einem Wort. Das Versmaß des Daktylus (lang –

kurz – kurz) entspricht zwar ungefähr, aber nicht unbedingt genau dem metrischen Rhythmus „Achtel, zwei Sechzehntel". Ein Beispiel: Die Aussprache der Worte „goldenen Becher" in Schillers Gedicht *Der Taucher* könnte mit einem bestimmten Ausdruck so geformt werden, dass die Silbe „gol-" deutlich länger klingt als die beiden kurzen Silben „de-nen" zusammen. Auch ohne semantischen Inhalt könnte diese Wortfolge analog mit „tam-ta-ta-tam-tam" dargestellt werden. Aber auch das Gegenteil ist möglich: Je nach Intervallspannung und harmonischer Fortschreitung können zwei Sechzehntel auch „sprachlich" länger als ein Achtel sein.

Auf dem syntaktischen Sektor begegnet man in der Musik ebenfalls einer großen Zahl sprachanaloger Elemente: Kontraste, Weiterführungen, Widersprüche, Varianten, Bekräftigungen, Ausrufe, Fragen. Alle syntaktischen Beziehungen finden wir sowohl in der Musik als auch in der Sprache. Wir können sie mit dem beschriebenen Sprechgesang, am besten noch unterstützt durch körpersprachliche Elemente wie Dirigieren und Pantomime, in unser Bewusstsein rücken, um für unser Spiel interessante und farbige Impulse zu gewinnen. Deutlich finden wir solche syntaktischen Elemente im Bereich guter Filmmusiken, in denen die Dramatik der Handlung sich in der Wahl strukturierender musikalischer Mittel spiegelt.

Die Beziehung zum semantischen Bereich der Sprache findet sich in der Musik dort, wo sie etwas erzählt. Es muss keine konkrete Geschichte sein, die ich mir beim Spielen eines Werkes vorstelle, aber es kann eine fortlaufende Handlung sein, der nur die exakte Wortbedeutung fehlt; ansonsten kann sie genauso dramatisch, interessant, abwechslungsreich und kontrastreich wie eine „wirkliche" Geschichte sein. Mit den sprachlichen Mitteln von Dynamik, Agogik und Artikulation, die auch musikalische Mittel sind, kann ich wie in einer „richtigen" Geschichte Prozesse schildern, Entwicklungen darstellen, Gedanken aufeinander beziehen.

Derartige sprachlich analoge Experimente können das Ausdrucksverhalten beim Spiel ganz wesentlich bereichern – wenn man nur den Mut dazu aufbringt. Da durch solches Verhalten ein zusätzlicher Lernkanal eröffnet wird, erfolgt eine weitere Absicherung im Gedächtnis und damit eine Stabilisierung des Selbstbewusstseins auf dem Podium; also handelt es sich um eine wichtige Strategie gegen das Lampenfieber.

Sprache kann auch ganz vordergründig eine wichtige Funktion als Gedächtnisstütze haben: So ist es z. B. hilfreich, an bestimmten Stellen, die man besonders sicher zur Verfügung haben möchte, Texte zu unterlegen. Der Sprachrhythmus und die Sprachdynamik können eine zusätzliche Führungsschiene für einen musikalischen Rhythmus darstellen. Carl Czerny berichtet, dass Beethoven in seinem Unterricht viele solcher Textunterlegungen verwendete.

Selbst im rein technischen Bereich, etwa im Zusammenhang mit Fragen der Treffsicherheit, können Sprachelemente wirkungsvoll eingesetzt werden, um beispielsweise bei einem Sprung einen Startton mit einem Zielton in einen sprachlichen Zusammenhang zu bringen (z. B. „de – ja", wobei „de" der Ausgangston und „ja" der Zielton ist). Der Phantasie sind hier keine Grenzen gesetzt und die sprachlichen „Blindenhunde" (als Führer) können gar nicht exotisch genug und dennoch einfach und treffend sein, um diesen Zweck zu erfüllen!

Es gibt auch eine vor-sprachliche Ebene, auf der man sein Spiel begleiten kann. So ist es möglich, mit einer (gedachten) bedeutungsfreien Sprache – z. B. sinnlosen Silben – das Spiel quasi zu dirigieren und auf einer parallel laufenden Schiene mitzugestalten. Die Sprache kann freier agieren als der mit dem Instrument beschäftigte Körper, bei dem technische Aufgaben und Probleme der Geschicklichkeit entstehen, die die Sprache nicht kennt. Die Sprache kann aus diesem Grund das Spiel vor allem agogisch frei mitgestalten, indem sie ungehindert die vorhandenen rhythmischen „Pufferzonen" zwischen den Tönen expressiv ausnutzt.

13. Mut zur Rolle

Im sozialen Umfeld agiert jeder Mensch in einer sich jeweils verändernden Rolle, die ihrerseits jeweils einen Teil seiner Gesamtindividualität darstellt: als Sohn / Tochter, als Ehemann / Ehefrau, als Vater / Mutter, als Lehrer, als Schüler, als Kursleiter, als Kursteilnehmer, als Hörer, als Redner, als Gesprächspartner (mit wiederum jeweils anderen Rollen je nach dem Gegenüber) etc. Es fällt uns nicht schwer, diese Tatsache anzuerkennen und zu erleben. Unser Äußeres, unsere Körpersprache, ja unsere Kleidung ändert sich mehr oder weniger deutlich entsprechend diesen Rollen, die uns das Leben auferlegt und in denen wir das Leben zu bewältigen versuchen. Man könnte „Rolle" auch als ein jeweils an eine bestimmte Situation angepasstes, adäquates Verhalten bezeichnen, das durch die Erwartungshaltung des sozialen Umfeldes und gewisse Standardisierungen des Verhaltens definiert ist.

Die Frage nach dem Kern der Persönlichkeit, nach dem „Ich" ist eine Frage, mit der sich der Mensch seit den Anfängen seiner denkenden Existenz befasst. „Rolle" ist jedenfalls nicht Verfälschung der „wahren" Persönlichkeit, sondern Reaktion der „Kernpersönlichkeit" auf sozial definierte Situationen. Für viele dieser Rollen hat sich ein jeweils ritualisiertes Verhalten entwickelt. Manchmal ist eine Rolle auch „ausgeliehen", so z.B. bei einem Schauspieler, der sich in die Persönlichkeit eines anderen hineinversetzt, um ihn und sein Verhalten darzustellen.

Eine dieser Rollen ist die des Musikers auf dem Podium. Seine Körpersprache, sein Verhalten (Verbeugen, Applaus), seine „Performance", ja seine Kleidung sind in hohem Maße ritualisiert, d.h., sie laufen innerhalb bestimmter, allgemein für diese Rolle festgelegter sozialer Vereinbarungen und Grenzen ab. Die Rolle des Musikers hat ohne Frage starke Elemente des Schauspielers, da der Musiker sich ja meist auch optisch dem Publikum darbietet.

Das Publikum „hört" zu einem großen Teil auch mit den Augen. Es möchte den Künstler in dessen Erleben seiner Kunst auch sehen und erleben, wie er seine Kunst mitteilt. Der Künstler selbst wiederum erlebt sich anders, wenn er sich aktiv zu dieser Rolle bekennt, als wenn er sich hinter seinem gelernten Spiel quasi verschanzt. Jede dieser beiden Einstellungen erzeugt wiederum ein anderes Darstellungsbewusstsein und -verhalten.

Dies drückt sich in der Körpersprache und in der Mimik aus. Eine defensive Einstellung schlägt sich in der Körperhaltung nieder, sogar in einem maskenhaften Gesichtsausdruck. Es kann so die paradoxe Situation entstehen, dass jemand, der in höchstem Maße psychisch kommunizieren will, nämlich durch Musik, gleichzeitig diese Kommunikation verweigert, weil er sich vor seiner Rolle fürchtet.

Dieses Problem kann man schon beim Üben bis zu einem gewissen Grad lösen, z.B. durch Imitation, also durch spielerisches, experimentelles Hineinversetzen in die Person eines bewunderten Künstlers, indem man dessen Art der Darstellung einmal ausprobiert: „Stell dir vor, du bist David Oistrach; wie würde er diese Stelle, dieses Stück spielen?" In der Psychotechnik NLP wird dieses Verfahren mit dem Begriff „Modelling" bezeichnet und erfolgreich eingesetzt.

Bei Musikern ist Imitieren allerdings ein negativ besetzter Begriff, da es ja die eigene Originalität – das „höchste Gut" des Künstlers – zu entwerten scheint. Die Originalität wird dadurch aber keineswegs vermindert. Ganz im Gegenteil: Es wird vielleicht ein bis dahin unbekannter Zustand, also eine

Erweiterung der Persönlichkeit, erstmals erlebt. Dem Autor sind zahlreiche verblüffende „Durchbrüche" bei Studenten in Erinnerung; das Verfahren eröffnete hier neue, bisher nicht verfügbare Möglichkeiten.

Hat sich ein Spieler zu einem „Rollenverhalten" als Künstler auf dem Podium erst einmal durchgerungen, öffnet sich ihm eine zweite Tür: Innerhalb seiner musikalischen Darstellung kann er nun wiederum verschiedene musikalische Rollen einnehmen, die der jeweiligen Befindlichkeit der interpretierten Musik entsprechen. Musik beschreibt ja Befindlichkeiten, Gefühle, und diese Gefühle sind durchaus verschiedenen Rollen zuzuordnen. Die Akzeptanz der Rolle als autonomer Podiumskünstler, und sei es auch nur in einem kleinen Bereich, ist daher Voraussetzung, auch musikalische „Rollen", musikalische Charaktere in den interpretierten Werken adäquat darstellen zu können. Diese Rollen sind wiederum verknüpft mit Elementen des Schauspielers – mit Körperhaltung, Gestik und Mimik.

Es handelt sich also bei der Übung zur „Akzeptanz der Rolle" wiederum um eine „Mutübung", mittels derer man schon im stillen Kämmerlein den darstellenden „Podiumskünstler" üben kann. Es zeigt sich nämlich, dass die Kopplung eines psychischen Zustands an eine entsprechende Körperhaltung keine Einbahnstraße darstellt, dass also etwa die Haltung nur als Folge des Zustands anzusehen wäre. Man kann den Kausalzusammenhang – innerhalb recht weiter Grenzen – auch umkehren: So wie ich mich körperlich halte, so fühle ich mich auch! Beide Dimensionen sind „zwei Seiten ein und derselben Medaille"; sie sind aufeinander rückgekoppelt – und zwar nicht nur in einem abstrakten „geistigen" Sinne, sondern durchaus in Form von ganz realen Nervenverbindungen. So wirkt z. B. Lächeln (auch eine muskuläre Tätigkeit) auf einen Nerv, der die entsprechende Befindlichkeit ans Gehirn meldet und sie dort de facto erzeugt.

Viele große Künstler wissen dies intuitiv; ihre Körperhaltung strahlt nach innen und außen großes Selbstbewusstsein aus. Die zwar sparsame, aber ungeheuer ausdrucksstarke Mimik etwa eines Jascha Heifetz oder die Körpersprache eines David Oistrach signalisiert äußerste persönliche Präsenz. Körpersprache wirkt natürlich unmittelbar auf die feinen dynamischen Schattierungen im Bogen des Streichers, im Atem des Bläsers oder im Anschlag des Pianisten. Diese Nuancen sind als solche kaum oder gar nicht wahrnehmbar, zeigen aber dennoch ihre volle Wirkung. So kann man bei zwei Tönen eines David Oistrach, einem langsamen Abstrich und einem langsamen Aufstrich, als Gestalteindruck bereits auf einen Weltklasse-Geiger schließen.

Hier könnte sich Widerspruch regen: Haben wir es denn bei einer solchen womöglich absichtlichen „Ausdruckstechnik" nicht mit einer unehrlichen „Pose" zu tun? Mit Eitelkeit, mit Überheblichkeit, mit Unbescheidenheit, mit Arroganz? Leider hindern solche „moralischen" Einwände viele junge Musiker daran, ihre künstlerische Potenz wirklich auszuschöpfen. Noch lange, bevor ein Spieler an die Grenzen seiner eigenen Ausdrucksmöglichkeiten gekommen ist, haben solche „Verbote" ihm oft schon den Schneid abgekauft.

Auf dem Podium ist Bescheidenheit keine förderliche Eigenschaft. Auch ein bescheidener Mensch sollte auf dem Podium keine „bescheidene" Leistung anstreben, sondern es zumindest hier mit dem unbescheidenen Goethe halten, der meinte: „Nur die Lumpen sind bescheiden, Brave freuen sich der Tat!" Das Publikum verzeiht eher Übertreibung als Langeweile oder Gleichgültigkeit. Schon deshalb kann – wie oben bereits erwähnt – Gleichgültigkeit kein anzustrebender Gegenpol zu Lampenfieber sein. Im Übrigen entlarven sich unehrliche Posen – es gibt sie natürlich! – sehr leicht, wenn die erklingende Musik mit der Körperbewegung und Ausdrucksgeste nicht übereinstimmt. Die Pose versucht den Ausdruck in der Musik durch Äußerlichkeiten zu ersetzen, während die Geste ihn verstärkt, ja oft geradezu erzeugt.

Die Grenzen zwischen Geste und Pose sind fließend und hängen von der Persönlichkeit, ja sogar von den Umständen, also wiederum von der jeweiligen Rolle ab. Wir spielen immer eine Rolle auf dem Podium. Die Frage ist nur, welche. Da man immer in einem sozialen Kontext agiert, kann man nicht „nicht kommunizieren", man kann nicht „keine Rolle spielen"!

Die bei der Vorbereitungsarbeit erworbene Verfügbarkeit über viele verschiedene Rollen sowohl meiner Person als auch der musikalischen Charaktere sichert mir auf dem Podium eine mannigfaltige Auswahl von Ausdrucks- und damit Gefühlsoptionen. Auch wenn der Mensch seine Nervosität nicht „weglügen" kann, so kann er doch über das „Rollenspiel" einen hohen Grad an Unabhängigkeit vom Lampenfieber erreichen. Statt hilflos dem Lampenfieber ausgeliefert zu sein, spielt er mit ihm gewissermaßen und nimmt ihm so seinen existentiellen Schrecken. Im „irrationalen" Rollenspiel kommt er der Bewältigung des „irrationalen" Lampenfiebers ein gutes Stück näher.

14. Mut zur Unabhängigkeit

Wenn die eigene Einmaligkeit akzeptiert und sozusagen „durchlitten" ist, kann ich auch den Mut aufbringen, meine Selbstständigkeit ganz zu bejahen, zu akzeptieren und zu verkörpern – Letzteres in wörtlichem Sinne – durch eine Körperhaltung, die diesen Zustand ausdrückt. Zur Akzeptanz dieser Einmaligkeit gehört auch die innere Unabhängigkeit von Vorbildern und Lehrern. Auch mein Lehrer, selbst wenn er geliebt und bewundert wird, kann im Moment des Auftritts nichts für mich tun.

Die Abhängigkeit von Lehrer-Vorschriften kann bestürzend tief gehen, bis hin zu einer imaginären Erfüllung von Wünschen eines längst verstorbenen Lehrers. Es ist deshalb eine der wichtigsten Pflichten eines guten Pädagogen, den Schüler schon früh auf Unabhängigkeit vorzubereiten (s. S. 76f.). Alles, was schon früh die Selbstständigkeit und den Spielraum eines Musikers einengt, produziert durch die Ver-„Engung" schließlich Aufführungs-„Angst". Ein guter Lehrer macht sich überflüssig. Macht er den Schüler dagegen abhängig, vergrößert er dadurch sein Lampenfieber.

Einengung hat noch eine weitere fatale Konsequenz: Dort, wo das „Richtig-falsch-Syndrom" regiert (s. S. 65f.), gibt es keinen Spielraum mehr für Neues. Die Studentin eines berühmten Cellisten lehnte eine (ihr) neue Idee nur deshalb ab, weil ihr früherer Lehrer sie ihr nicht mitgeteilt hatte – obwohl die Idee in keinerlei Widerspruch zu ihren eigenen Vorstellungen und denen ihres früheren (hervorragenden!) Lehrers stand. Sie war nur neu. Diese Idee bezog sich auf einen physikalisch jederzeit nachprüfbaren Sachverhalt, der der Studentin aber unbekannt geblieben war (vielleicht hatte sie ihn auch nur vergessen). Der Lehrer, so empfand sie, hatte ihr „alles", was es zum Cellospiel zu sagen gibt, gesagt. Neues, auch nur Ergänzendes, konnte es daher nicht geben.

Ein derartiges „geschlossenes System" ist zur Versteinerung verurteilt. Die völlige Abhängigkeit von einem Lehrer, auch noch von einem Lehrer, bei dem ein Student vielleicht seit Jahren nicht mehr studiert, ist vor allem in Bezug auf eine zukünftige Lehrtätigkeit fatal. Abgesehen davon, dass der frühere Lehrer möglicherweise längst manche Anschauungen geändert hat (wofür es ja unzählige Beispiele gibt), verhindert die blinde Abhängigkeit die eigene Entwicklung, die auf Begründung, auf Transfer, auf der Vermittlung von Werkzeugen basiert und schließlich zu autonomer Kompetenz führen könnte. Experimentelles, persönlich forschendes Üben wird dadurch eingeschränkt. Der Studierende ist nicht in der Lage, eigene Autorität zu entwickeln und auf dieser Basis selbst erarbeitete Einsichten an die nächste Generation weiterzugeben. Es ist vielleicht ganz hilfreich, sich vorzustellen, dass auch der autoritärste Lehrer in seiner Kindheit und Jugend einmal ein (abhängiger?) Schüler war.

Fazit

- Ein Konzert ist wichtig, darum erfordert es Mut.
- Mut, nicht Gleichgültigkeit, ist der Gegenpol zum Lampenfieber.
- Jeder muss seine eigene Einmaligkeit akzeptieren!
- Die körperliche Geste ist die ursprünglichste Ausdrucks- und Mitteilungsform überhaupt.
- Übertreibung beim Üben lotet Grenzen aus und erweitert sie.
- Mut und Phantasie sind Geschwister.
- Mut zur Originalität, zum Ausdruck, zur Mitteilung, zur Rolle, zur Selbstständigkeit etc. sollte man zu Hause, nicht erst auf dem Podium üben!

III. Lernkanäle: Vielfachrepräsentation im Gehirn

Um eine sinnvolle Vorbereitung auf einen Auftritt beschreiben zu können, soll hier kurz auf einige Gesetzmäßigkeiten des Lernens eingegangen werden. Unser Gehirn besteht aus vielen Milliarden Zellen, die untereinander in einer so ungeheuren Komplexität vernetzt sind, dass die einzelnen Leitungskombinationen zahlenmäßig jede Vorstellung sprengen. Im Gedächtnis, das sich über das ganze Gehirn verteilt, sind allerdings einzelne Areale definierbar, in denen bestimmte Vorgänge vorzugsweise abgespeichert werden. Die genauen Zusammenhänge sind zu einem erheblichen Teil noch unerforscht.

Manche Aspekte jedoch sind mit Bestimmtheit wissenschaftlich belegbar, zumal wenn sie mit alltäglichen Erfahrungen übereinstimmen; dazu gehört die schon in der Antike bekannte Tatsache, dass ein Lerninhalt, der über verschiedene Kanäle, an verschiedenen „thematischen" Gedächtnisstellen abgespeichert, also gewissermaßen „angedockt" wird, leichter aus dem Gedächtnis abgerufen werden kann als ein Lerngegenstand, der ganz isoliert, für sich allein „behalten" werden muss.

Ein Vergleich mit dem Computer ist hier hilfreich (mit dessen Funktionsweise das Gehirn im Übrigen nur sehr eingeschränkt verglichen werden kann): Wenn ich eine Datei „irgendwo" auf der Festplatte abspeichere, also ohne sie sauber in Ordner und Unterordner zu verstauen, finde ich sie nur mit großer Mühe – wenn überhaupt – wieder. Im Gegensatz hierzu lässt sich eine hierarchisch abgespeicherte Datei mit entsprechenden Querverweisen jederzeit leicht wieder auffinden, wie dies auch in einer wohl geordneten Bibliothek der Fall ist.

Im Folgenden soll aufgezeigt werden, welche Gedächtnisformen beteiligt sind, wenn ein musikalisches Werk, eine

Melodie, ein Thema, ein Sonatensatz vielfach parallel abgespeichert wird. Wenn ich einen musikalischen Gegenstand auf verschiedene Weise übe und ihn dadurch sozusagen mit „Querverweisen" ausstatte, ist er auch in einem angespannten Zustand, unter dem Druck des Lampenfiebers, im Gedächtnis verfügbar.

1. Das motorische Gedächtnis

Ein wesentlicher Teil des Übens ist das Wiederholen eines Bewegungsablaufs. Es liegt daher nahe, dass unser so genanntes motorisches Gedächtnis, das gelernte Körperbewegungen speichert, in hohem Maße für die Speicherung musikalisch bedingter Bewegungsabläufe zuständig ist. Ohne diese Fähigkeit unseres Gedächtnisses, Bewegungen als feste Muster zu „archivieren", könnten wir keine schnellen Läufe spielen. Das Bewegungsgedächtnis ist nach einem Lernprozess in der Lage, Abläufe ohne weitere Bewusstseinskontrolle blitzschnell und weitgehend unbewusst ablaufen zu lassen, indem es einzelne Tätigkeiten (Bewegungsmuster) an „untergeordnete" Nervenzentren delegiert.

Sicher ist, dass wir beim Üben den größten Teil der Zeit für den Aufbau des motorischen Gedächtnisses aufwenden. Es bedarf zahlreicher Wiederholungen, um komplizierte Bewegungsmuster zu bilden und abzuspeichern. Doch schon beim rein motorischen Wiederholen stehen uns bessere und schlechtere Übeoptionen zur Verfügung. Einer der häufigsten Verhaltensfehler beim Üben ist die Überforderung der Aufmerksamkeit. Es ist eine beachtliche Zeitverschwendung, einen zu korrigierenden Bewegungsvorgang immer nur „ganzheitlich" zu bearbeiten. Ein solcher Vorgang besteht aus so vielen einzelnen Aufmerksamkeitsschichten, dass die Aufmerksamkeit einfach nicht ausreicht, diese Schichten alle gleichzeitig beobachten, bewerten und korrigieren zu können. Oft kommt es zudem zu einer „Absicherung" eines unerwünschten Resultats, denn auch ein fehlerhaftes bzw. erfolgloses Bewegungsverhalten wird durch unzählige Wiederholungen fest in das motorische Gedächtnis eingeprägt. Das daraus resultierende Misslingen erhöht die Angst vor einer schwierigen Stelle in einem Notentext.

Es kann nur so viel Material sinnvoll auf einmal geübt werden, wie es die zur Verfügung stehende Aufmerksamkeit zulässt. Das verarbeitbare Quantum erhöht sich natürlich im Laufe eines kürzeren oder auch längeren Übeprozesses, also während der Einstudierung einer Stelle bzw. eines Werks. Schließlich gelingt der gesamte Ablauf weitgehend „von selbst" und die Aufmerksamkeit muss nur noch den ästhetisch-künstlerischen Aspekt verfolgen.

Auf dem Weg zu diesem Ziel gibt es zahlreiche sinnvolle und manchmal überraschende Methoden, die Menge des gleichzeitig zu bewältigenden „Aufmerksamkeitsmaterials" der Kapazität der Aufmerksamkeit anzupassen, diese Menge also zu reduzieren, z.B.: langsam üben, Teilbewegungen verfolgen bzw. Bewegungsmuster bilden[4], eine sinnvolle Auswahl rhythmischer Varianten treffen, einzelne Parameter beobachten und dabei andere ignorieren.

Hier ist auch auf das Üben mit „rotierender Aufmerksamkeit" hinzuweisen[5]. Bei dieser Methode wählt der Spieler in einer bestimmten Phase der Aufbereitung eines Musikstücks einen einzigen Parameter (Aspekt) aus, um sich dann nach einigen genau kontrollierten Wiederholungen einem anderen Parameter zuzuwenden.

Einer dieser Parameter sollte immer wieder die Dynamik sein – auch bei „trockenem" technischen Übematerial. Da jeder dynamische Verlauf mit einer nur ihm zugeordneten

---

[4] vgl. G. Mantel, *Einfach üben*, Mainz 2001, S. 43ff.
[5] vgl. G. Mantel, *Cello üben*, Mainz 1998

Körperbewegung einhergeht, sollte man „Technik" eigentlich nie ohne spezifisch beabsichtigte Dynamik üben. Eine veränderte Dynamik verändert die Körperbewegungen und prägt sich motorisch besser ein.

Beim Streicher z. B. ist eine Querverbindung zwischen Dynamik und Intonation zu beobachten: Eine mit musikalisch-dynamischen Bogenstrichen geübte Streicherintonation ist stabiler als eine nur auf die linke Hand bezogene, weil – durch das Spielen mit Dynamik – die ganze Körperbewegung in den Spielvorgang einbezogen ist, von der musikalischen „Stützung" ganz zu schweigen. Insofern ist – wie oben bereits erwähnt – die immer noch gelegentlich zu hörende Forderung „erst die Technik, dann die Musik" schon ganz vordergründig physiologisch falsch: Wer so übt, prägt sich etwas ein, das er eigentlich gar nicht lernen will und womöglich später mit erheblichem Aufwand umüben muss!

Es stellt sich oft heraus, dass auf eine automatisierte, aber undynamisch geübte Musik nachträglich nur sehr schwer eine Dynamik „aufgepfropft" werden kann, da gänzlich andere Gesamtkörperbewegungen und muskuläre Spannungskonstellationen als die geübten nötig sind. Schlimmer noch: Die nachträgliche „Zugabe" von Dynamik oder Ausdruck stört, ja zerstört oft den eingeübten Bewegungsablauf. Dynamisch geübte Technik ist deshalb sicherer als rein „mechanisch" geübte Technik. Technisch schwierige Abläufe in einem Musikstück, die mit adäquatem Ausdruck geübt werden, sind insofern „resistenter" gegen Lampenfieber als „schwere Stellen", die auf musikalisch undefinierte Weise geübt wurden. Üben mit Dynamik und Ausdruck kann am Anfang einen zusätzlichen geistigen und zeitlichen Aufwand bedeuten, der jedoch insgesamt den Lernprozess verkürzt und sich vor allem als Sicherheitsgewinn auf dem Podium bezahlt macht.

Beim Einprägen von Bewegungsabläufen lauern von verschiedenen Seiten her Gefahren. Zum einen wird durch zu viele unstrukturierte Wiederholungen der jeweilige Ist-Zustand automatisiert und, noch schlimmer, bei der jeweiligen Bewertung eines vielleicht enttäuschenden Übedurchgangs mit den dazugehörigen negativen Emotionen – mit Angst – verknüpft! Üben ist immer auch ein emotional besetzter Vorgang. Auch da, wo ich nur reine „Technik" übe, bewerte ich das Resultat. Bewertung ist als emotionaler Akt zu sehen. Ist mir das Resultat des Übens gleichgültig (bewerte ich also nicht), brauche ich ja auch nicht zu üben und sollte es dann auch folgerichtig sein lassen.

Zum anderen lauert paradoxerweise eine Gefahr in der raschen und „zuverlässigen" Einprägefähigkeit des motorischen Gedächtnisses selbst. Dieses stellt ziemlich schnell eine gewisse Automatisierung zur Verfügung, oft zu einem Zeitpunkt, zu dem der Spieler eigentlich noch gar nicht genau weiß, was er in Wirklichkeit mit der zu übenden Musik anfangen will, ja oft schon, bevor eine Stelle wirklich deutlich, trennscharf artikuliert und musikalisch verstanden ist. Das Bewegungsgedächtnis scheint den Übenden sicher „an der Musik entlang" zu führen. So kommt es vor, dass jemand ein Stück auswendig spielen kann, ohne es in seinem Sinn, in seiner Struktur, in seiner Befindlichkeit, in seinem Ausdruck überhaupt richtig zu kennen.

Im Zusammenhang mit dem Thema Lampenfieber birgt das Üben von reinen Bewegungsabfolgen eine heimtückische Gefahr: Das motorische Gedächtnis, das für schnelle, komplizierteste Bewegungskombinationen zuständig ist, ist nicht dafür geeignet, lange musikalische Strecken etwa für eine Konzertaufführung unter emotionaler Belastung sicher abzuspeichern. Um auch lange Verläufe sicher reproduzieren zu können, ist das motorische Gedächtnis auf Querverbindungen zu anderen Gedächtnisarten angewiesen. Beim Üben erleben wir häufig, dass Abläufe in einem ausgeruhten „Normalzustand" fehlerfrei funktionieren, bei psychischer Belastung jedoch, auch relativ bescheidener Belastung wie etwa einer Unterrichtsstunde, an Stellen zerbrechen, an denen sie beim Üben nie zerbrochen sind. („Zuhause konnte ich es noch so gut" ist ein Standard-Stoßseufzer, der quer durch alle Alters- und Erfahrungsstufen geht.)

2. Das kognitive Gedächtnis

Im Folgenden werden die weiteren Gedächtnisarten betrachtet, die neben dem motorischen Gedächtnis an allen Lernprozessen beteiligt sind. Jeder Musiker muss das musikalische Rohmaterial zunächst einmal kognitiv, also über seine linke, analytisch-digitale Gehirnhälfte aufbereiten, um es mit der rechten, mehr für die Ganzheitlichkeit und die Gefühle „zuständigen" Gehirnhälfte verknüpfen zu können.

2.1 Notennamen

Die Kenntnis und Benennung der Notennamen ist zweifellos eine Fähigkeit der linken Gehirnhälfte. Es ist auch bei Berufsmusikern und Hochschulstudierenden keineswegs eine Selbstverständlichkeit, die Namen der gerade gespielten Noten blitzartig zur Verfügung zu haben und benennen zu können. Zugegeben: Man kann auch ohne die Bereitstellung dieses „rationalen" Materials rein motorisch „ganzheitliche" musikalische Abläufe spielen lernen, doch sind sie ohne kognitive Grundlagen für Störungen anfälliger.

Die Solmisation, die beim Musikstudium in romanischen Ländern von Anfang an gelehrt wird, bietet in diesem Bereich zweifellos einen Vorteil. In Deutschland konnte sie sich nie so recht durchsetzen; offenbar besteht die nicht ganz unberechtigte Furcht, dass Solmisationssilben (über deren verschiedene Vokale) Klangfarben suggerieren, die musikalisch nicht gerechtfertigt sind.

Eine sehr sichere, wenn auch selten angewandte Methode, Gedächtnisfehler ein für alle Male zu eliminieren, ist das Aufschreiben eines zu lernenden Notentextes, denn ich kann diesen nicht aufschreiben, wenn ich die Notennamen nicht kenne. Der relativ große Aufwand – körperlich, emotional und intellektuell –, einen Text aufzunotieren, hinterlässt tiefe Gedächtnisspuren.

Es gibt sogar Experimente, auf einem imaginären oder gar aufgemalten Griffbrett oder einer derartigen Klaviatur einen „Intervallspaziergang" mit den Füßen zu machen! Nicht nur bei Kindern zeichnet eine solche Tonraumwanderung eine starke Gedächtnisspur.

2.2 Intervalle

Der nächste Schritt, der sich an die sichere Verfügbarkeit der Noten anschließt, besteht in der schnellen Verfügbarkeit aller Intervalle. Dieses Wissen muss gelernt werden. Hier gilt ebenfalls das oben Gesagte: Man kann auch ohne das Erkennen (und Bestimmen) von Intervallen ein Stück spielen lernen (sogar auswendig), indem man einen gedruckten Text abspielt, die Definition der Intervalle einfach „überspringt" und die Einprägung dem motorischen Gedächtnis überlässt. Doch bleibt ein solches Einprägen unsicher und störanfällig.

Die lückenlose Kenntnis und das blitzartige Erkennen von Intervallen stützt dagegen das musikalische Geschehen ab. Besonders wenn ein eintrainierter Fingersatz kurzfristig verloren geht (jedem ist Derartiges schon passiert), ist diese Intervallkenntnis das Netz, mit dem der musikalische „Artist" arbeitet. Wenn es auch etwas pedantisch, unkünstlerisch und „buchhalterisch" erscheint: Ein Stück einige Male mit laut ausgesprochenen Intervallnamen durchzugehen, baut ein zusätzliches Gerüst für einen musikalischen Gedächtnisinhalt und trägt damit zur Erhöhung des Sicherheitsgefühls auf dem Podium bei!

Ohne das spontane Erkennen von gespielten oder in der Musik gerade vorkommenden Intervallen ist – genau genommen – auch keine Zuordnung zu den entsprechenden Griffen möglich. Hier besteht selbst bei Musikern, die eine gute „Technik" im Sinne aller Grundparameter haben (z. B. großer, schöner Ton, gute Intonation, Geläufigkeit, sicherer Rhythmus, musikalische Gestaltungsfähigkeit etc.), eine Lücke: Sie sind nicht oder nur sehr unbeholfen in der Lage, ein „perfekt" geübtes Stück in eine andere Tonart zu transponieren, was ja Intervallsicherheit voraussetzt. Transponieren schult diese Fähigkeit in hervorragender Weise, fordert allerdings eine beachtliche geistige Anstrengung.

Die Fähigkeit der Intervallerkennung und -zuordnung ist gewiss zuerst eine kognitive Fähigkeit, sie mündet jedoch in eine musikalische Verfügbarkeit des Tonraums, die sich auch in gestalterischem Sinne bemerkbar macht, und sei es nur durch die daraus sich ergebende Souveränität und Sicherheit des Spiels und damit auch des Ausdrucks.

2.3 Notenbild

Das Notenbild ist eine wichtige Informationsquelle und bleibt dies auch bei auswendig gespielter Musik – genutzt vom visuellen Gedächtnis. Das uns zur Verfügung stehende Notenmaterial ist leider meistens nach außermusikalischen Gesichtspunkten – nämlich der drucktechnisch optimalen Verteilung eines Textes auf dem Papier – hergestellt, nicht nach dem Sinn und der Struktur oder nach der Abfolge musikalischer „Verszeilen" der Musik. Zur Absicherung eines mnemotechnisch schwierigen, weil gleichförmigen Textes (wie etwa den Präludien der C-Dur- oder der Es-Dur-Suite für Violoncello von J. S. Bach mit ihren überwiegend gleichmäßigen Notenwerten) kann es einen großen Zeitgewinn bedeuten, den gedruckten Text zu kopieren und nach Maßgabe der „Verse" (z. B. Viertakt- oder Achttaktperioden) so aufzukleben, dass die gedruckten Zeilen identisch mit den musikalischen sind. Das Notenbild verkörpert so den deklamatorischen, strukturellen Sinn der Musik auch optisch und prägt sich dem Gedächtnis viel leichter und sicherer ein. Man kann sogar ein Übriges tun und diese Zeilen nummerieren!

Leichtfertig in Bezug auf die Einprägung ist es – vor allem bei optisch veranlagten Menschen – mehrere Ausgaben ein und desselben Werks zu verwenden, deren Text unterschiedlich angeordnet ist. Auf diese Weise wird die visuelle Gedächtnisschiene ignoriert, und die so erforderliche Mehrfach-Orientierung absorbiert unnötigerweise Aufmerksamkeit, die für Wichtigeres zur Verfügung stehen sollte.

Auch bei einem Text, den man schon oft auswendig gespielt hat, ist es hilfreich, das Notenbild immer wieder einmal neu zu lesen, da die optische Organisation im Laufe der Zeit verblasst, sodass es zu Gedächtnisfehlern kommen kann. Besonders wenn ich an der Einrichtung eines Werks Änderungen vorgenommen habe, ist es wichtig, die letzten Änderungen deutlich im Gedächtnis zu fixieren. Ist schon einige Zeit nach dieser letzten Änderung vergangen, muss ich sie auffrischen, um nicht auf dem Podium über zwei sich widersprechende Versionen einer Stelle entscheiden zu müssen. Nach einer längeren Pause ist meist die frühere Version stabiler abgespeichert als die spätere, was zu Verwechslungen führen kann.

Bei der Frage der „Bleistiftbezeichnung" eines Textes gehen die Meinungen von Musikern auseinander; dies ist sicher eine Typfrage, hängt aber auch vom jeweiligen Material und dem jeweiligen Anlass ab (der Pultgenosse im Orchester freut sich nicht über persönliche – insbesondere „künstlerische" – Eintragungen seines Kollegen). Wenn ich als Streicher einen komplizierten solistischen oder kammermusikalischen Text schnell neu lernen will, ist es sicherlich sinnvoll, optimale Spielanweisungen wie Fingersatz und Bogenstrich einzuzeichnen. In extremen Fällen bietet sich hier sogar die Verwendung von verschiedenen Farben für jeweilige Spielmodi an (z. B. pizz., col legno, arco, ponticello bei einem modernen Werk).

Auch plötzliche dynamische Wechsel, sogar Vorbewegungen für einen Sprung oder Erinnerungen an schon mehrfach aufgetretene Fehler können markiert und somit abgesichert werden. Auf diese Weise verschwende ich nicht jedes Mal Zeit, um neu über die technische Realisation entscheiden zu müssen. Eintragungen haben darüber hinaus noch den positiven Effekt, dass ich nach einer längeren Pause die ganze Einrichtungsarbeit nicht noch einmal bewältigen muss.

Eintragungen als „Verkehrszeichen" zur Vorbereitung wichtiger Stellen (etwa „Weggabelungen", an denen man sich leicht irrt) sind sehr sinnvoll und machen schon Kindern Spaß. Bei einem ziemlich gut geübten Stück kommen die meisten (Gedächtnis-)Fehler als so genannte „Analogiefallen" vor. Das hat folgenden Grund: Es gibt ein menschliches Verhalten, das im Allgemeinen sehr sinnvoll ist. Eine Bewegung, die in einem bestimmten Fall funktioniert, verspricht auch in einem ähnlichen Fall „erfolgreich" zu sein. Ein Beispiel: Ein Fingersatz für eine wiederkehrende Intervallfolge, der beim ersten Sequenzteil sinnvoll war, „möchte" deshalb auch beim zweiten Verwendung finden, wo er allerdings, vielleicht wegen einer Variante oder Transposition, nicht mehr passt. An solchen Stellen entstehen Störungen. Diese kann ich am besten vermeiden, wenn ich aus den beiden Verwechslungsstellen ein mentales Muster bilde „hier so – aber dort so", die beiden also aufeinander beziehe und zu einer mentalen Einheit verschweiße, die die Analogiefalle eliminiert. Auch dies lässt sich mit Hilfe von Eintragungen (phantasievollen Querverweisen) leicht bewerkstelligen.

Solche Absicherungen des reinen Notentextes bedeuten auch Sicherheit im Hinblick auf das Lampenfieber. Ein nur motorisch geübter Durchgang einer Stelle, eines ganzen Stücks klappt vielleicht zehnmal fehlerfrei. Kommt aus irgendeinem Grund beim elften Mal die Frage auf „Wie geht es diesmal weiter?", kann bereits ein „Verspieler" unterlaufen! Der Autor bekennt, dass Gedächtnisfehler, die ihm im Laufe seines Lebens auf dem Podium unterlaufen sind, ausnahmslos auf solche Lücken in der strukturellen Absicherung beruhten, da wegen einer trügerisch sicher erscheinenden motorischen Einprägung kein Bedarf für eine zusätzliche strukturelle Absicherung zu bestehen schien. Die Musik war ja absolut geläufig!

Bei der Strukturierung des Notentextes und des Notenbildes bietet sich neben der Nummerierung als weitere Möglichkeit an, die einzelnen Abschnitte mit einem „Anker" zu versehen, sie z. B. mit affektiven Überschriften wie etwa bei R. Schumanns *Kinderszenen* auszustatten. „Zwei Fliegen" werden so „mit einer Klappe geschlagen": Der „Anker" dient als sichere mnemotechnische strukturelle Orientierung im Verlauf der Darstellung eines längeren Stücks, und der Abschnitt hebt sich in seinem musikalischen Charakter von den vorhergehenden und den nachfolgenden ab. Auf diese Weise werden Ausdruckselemente direkt zur mnemotechnischen Absicherung herangezogen, was durch die damit verknüpfte Emotionalisierung noch wirksamer als eine rein quantitative Orientierung ist.

Eine solche Sinn gebende Strukturierung unterstützt den psychischen Prozess, durch den eine defensive Haltung zum Lampenfieber („Bin ich gut genug? Wie geht es weiter?") in eine offensive Haltung umgemünzt wird, aus der heraus ich dem Hörer statt einer langen Serie expressiver Töne eine gut gegliederte Geschichte vermittle.

3. Das strukturelle Gedächtnis

Ein Musikstück wird oft so gelernt, dass ein Spieler immer wieder von vorne anfängt. Die Aufmerksamkeit lässt nach einiger Zeit nach, sodass sich die Fehler häufen. In der ersten Zeile eines einigermaßen geübten Stücks bleibt eigentlich niemand stecken. Wird nun immer wieder von vorne begonnen, wird die im Laufe des Stückes ansteigende Unsicherheit als „Mitgift" in das Material eingewoben.

Wie inzwischen allgemein bekannt, hat jeder Lernvorgang zu Beginn seinen größten Anstieg. Die Lernkurve flacht dann allmählich ab – bis zu dem Punkt, wo trotz fortgesetzten Übens gar kein Fortschritt mehr erzielt wird und der Übegewinn durch weiteres gedankenloses Wiederholen sogar wieder verloren gehen kann. Dabei ist es so einfach, dieses Verhalten zu korrigieren: Ich muss zum Üben schwieriger Abläufe ein Stück so aufbereiten, dass mitten im Stück Anfänge entstehen, an denen jeweils wieder der steil ansteigende Lernfortschritt stattfindet.

Ein wichtiger Aspekt ist hierbei der Ort innerhalb eines Musikstücks, an dem ich einen Übeabschnitt beginnen lasse. Die Plausibilität des rein musikalischen Gesamteindrucks muss dabei gelegentlich vorübergehend aufgegeben werden. Der „Genuss" der Musik kann nicht während des gesamten Lernvorgangs uneingeschränkt zur Verfügung stehen. Hier ist wohl einer der Gründe zu suchen, warum viele Spieler trotz negativer Erfahrung immer wieder zu einer ineffizienten Übeweise Zuflucht suchen, nach dem „Prinzip Hoffnung": Es möge doch endlich, nach dem tausendsten Versuch, alles so sicher sein, dass es „von selbst geht"!

Die hier zur Sicherung des Geübten empfohlene Arbeitsweise, einen Text gewissermaßen zu „parzellieren", lässt sich noch optimieren: Die einzelnen „Parzellen" können (wie die oben genannten Verszeilen) nummeriert werden, sodass bei einem schwierigen Werk eine stabile mnemotechnische Gliederung entsteht, die sich sinnvollerweise nach der musikalischen Struktur und ihrer Interpunktion richtet. Es gibt andererseits auch Fälle, in denen es außerordentlich hilfreich ist, inmitten eines technisch kontinuierlichen Verlaufs (etwa in einer langen Sechzehntel-Kette) einen neuen Anfang beim Üben zu machen, also den musikalischen Sinn vorübergehend außer Kraft zu setzen. Besonders bei „zerübten" Stellen entsteht dadurch ein völlig neuer Blickwinkel in Bezug auf die Bewegungsvorgänge. Hier die wirksamsten Punkte zu finden, ist eine Intelligenz und Phantasie erfordernde Aufgabe. Die Belohnung für diese geistige Anstrengung, die sich zunächst als Umweg darstellt, besteht häufig in überraschenden Überesultaten, in der sicheren Verfügung über die Struktur einer Passage – unabhängig von der motorischen Automatik.

Gedächtnisexperimente haben gezeigt, dass beim Einprägen einer Reihe verschiedener Elemente die am Anfang und am Ende liegenden Elemente (Wörter, Bilder, Begriffe, sinnlose Silben, auch Töne, Intervalle, Sequenzteile) am besten erinnert werden; die in der Mitte einer solchen Serie liegenden werden am ehesten vergessen. Als besonders hilfreich für das Gedächtnis erweist sich deshalb das Üben der einzelnen „Parzellen" in der Reihenfolge von hinten nach vorne, also umgekehrt, als sie im Stück vorkommen: Auf diese Weise werden gerade die Teile, die sonst „in der Mitte liegen" und dadurch die schlechteste Position für das Abspeichern einnehmen, beim Üben jeweils einmal an den – lernintensivsten – Anfang gerückt.

Mit dieser Übeweise verfügen wir über ein weiteres „Sicherheitsnetz"! Sollte auf dem Podium ein Gedächtnisfehler passieren, so weiß ich doch, an welcher Stelle des so erworbenen Rasters er auftritt und kann sofort korrigieren. Das Bewusstsein, im Bedarfsfall sogleich verbessern zu können, ist einer der wichtigsten Faktoren für ein Sicherheitsgefühl auf dem Podium. Alles, was schon in der Vorbereitung zur Sicherheit beiträgt, reduziert das Lampenfieber beim Auftritt.

Auch bei Sequenzen können Zahlen als Gedächtnishilfe nützlich sein. Ein großer Teil aller Musik besteht aus Sequenzen. Eine Sequenz stellt den Prototyp musikalischen Erkennens dar: Sie bietet durch genaue oder auch variierte Wiederholung eines musikalischen Gedankens die Möglichkeit des Wiedererkennens von Gehörtem und damit des Verknüpfens zu einem größeren musikalischen Sinnzusammenhang. Wiedererkennen ist Verknüpfen. Man kann Sequenzteile zur erhöhten Einprägung der Struktur nummerieren – eine recht simple Maßnahme, die einen großen Gewinn bringt. Auch hier sollte man sich davon freimachen, eine solche Lernmethode als unkünstlerisch zu verwerfen. Musik ist in ihrer Struktur immer auch quantitativ definierbar; sie besteht in allen ihren qualitativen Parametern aus dem sinnlichen Vergleich von – quantitativen – Proportionen. (G.W.v. Leibniz: *Die Musik ist die Kunst der Seele, die zählt, ohne es zu wissen.*)

In den Ausbildungsinstituten können die Nebenfächer Formenlehre, Harmonielehre oder Tonsatz dieses Verhalten, sich bei jedem Stück zuerst einmal den „Konstruktionsplan" zu vergegenwärtigen, überaus sinnvoll unterstützen, besonders wenn sie auf das instrumentale Hauptfach bezogen unterrichtet werden, was leider viel zu selten stattfindet. In tonaler Musik bildet schon ein Basiswissen harmonischer Analyse ein zusätzliches Sicherheitsnetz. Die genaue Kenntnis der Struktur eines Werks ist nicht nur eine der Voraussetzungen, ein Werk interpretieren zu können, sondern auch eine erprobte Hilfe gegen störendes Lampenfieber!

4. Das semantisch-syntaktische Gedächtnis

An einem Einprägevorgang sind beide Gehirnhälften beteiligt. In künstlerischen Debatten wird oft die linke, „digitale" Gehirnhälfte, die „Detail-Seite", gegenüber der rechten, „analogen", ganzheitlichen, intuitiven, als implizit minderwertiger gehandelt. Auch wenn in der Musik das ganzheitliche Erlebnis dominieren mag (rechte Gehirnhälfte), so sind doch die „Bauteile" (linke Gehirnhälfte) die Voraussetzung – zumal für den Künstler –, etwas Ganzes überhaupt zu schaffen. Beide Aspekte bedingen einander; es ist unsinnig, sie gegeneinander auszuspielen.

Wenn ich ein Bild besonders tief einprägen möchte, um es vor meinem geistigen Auge wiedererstehen zu lassen, dann wird dieser Einprägevorgang und damit auch die spätere Erinnerung erheblich verstärkt, wenn ich mir Struktur und Details dieses Bildes auch sprachlich, durch Begriffe und Beschreibungen, vergegenwärtige. Diese Art der Einprägung erfordert sowohl etwas Zeit als auch einen gewissen geistigen Einsatz, verankert aber das Bild viel lebhafter, als wenn ich es nur als Ganzes betrachte. Jeder kann an sich selbst die Probe aufs Exempel machen: Kann ich einen Gegenstand aus meiner Wohnung, den ich hundert Mal angeschaut habe, wirklich genau in der Erinnerung reproduzieren? Habe ich seine Eigenschaften jedoch ein einziges Mal sprachlich formuliert, kann ich ihn wesentlich genauer aus dem Gedächtnis beschreiben. Mit anderen Worten: Die sprachlich deutliche Beschreibung unterstützt die Einprägung und damit sowohl die Erinnerungsschärfe als auch den „Erinnerungsgenuss" eines Bildes, also die emotionale Seite dieses Vorgangs.

Ähnlich wie bei der Speicherung eines Bildes im Gedächtnis kann man auch musikalische Inhalte durch sprachliche Beschreibung verdeutlichen, intensivieren und damit stabil speichern. Der Psychologe Rolf Oerter, der sich intensiv mit der Beziehung zwischen Sprache und Emotion befasst hat, kommt zu dem Ergebnis, dass Sprachreichtum und Emotionsreichtum beim Menschen miteinander korrelieren. Eine sprachlich verfeinerte Differenzierung musikalischer Gestalten – gleich, ob sie nun Beschreibungen, Assoziationen oder Metaphern verwendet – führt kraft der Vernetztheit aller psychischen und mentalen Prozesse auch zu einer Bereicherung des Ausdrucks und zu einer Intensivierung von dessen Gedächtnisspur.

Für manche Musiker klingt eine solche Aussage ketzerisch, fast wie ein Verrat an der Musik. Dieses Missverständnis liegt an dem historisch begründeten Vorurteil, Musik sei ausschließlich „Gefühlssache" und müsse sich fern halten von allem „Verkopften". Einer der Gründe für diese heute nicht mehr haltbare Einstellung geht weit in atavistische Vorstellungen von der Getrenntheit von Körper, Seele und Geist zurück. Der Geist, zum „Intellekt" herabgestuft, und das Gefühl, die wahre „Seele", liegen demnach auf einer eindimensionalen Skala menschlicher Eigenschaften. Je mehr Gefühl, desto weniger Vernunft – und umgekehrt, so lautet die dabei implizit mitgedachte Vorstellung (wobei der Körper gar nur noch als reines Exekutivorgan fungiert).

In diesem Zusammenhang sei an das berühmte Wort von R. Schumann erinnert, der von der Balance von „Kopf, Herz und Hand" als Voraussetzung für die Arbeit eines guten Musikers spricht. Wenn wir diesen Schumann'schen Gedanken nun in zeitgemäßes kybernetisches, systemisches Denken übertragen, stellen die drei genannten Dimensionen – Kopf, Herz und Hand – ein System von Regelkreisen dar, die aufeinander bezogen sind. Das bedeutet, dass eine Bereicherung einer der drei Dimensionen eine Bereicherung des ganzen Systems ist und nicht – wie oft behauptet – eine Verschiebung des Gleichgewichts. Einfacher ausgedrückt: Wissen fördert Können.

Welche musikalischen Eigenschaften können nun in diesem Sinne zur Verdichtung von Gedächtnisinhalten sprachlich beschrieben werden? Eigentlich fast alle – möchte man sagen. Schon ein einziger Ton ist wie die „Personaldaten" eines Menschen beschreibbar: Name, Fingersatz, Dauer, Lautstärke, Strichrichtung, Lage, Saite – alle diese Eigenschaften kann man beim Üben zur Bestimmung und Einprägung heranziehen. Bei so gestalteten Einprägeprozessen (man kann fast von „Einbrennen" sprechen) muss man ein paar Sekunden Zeit aufwenden, denn: Alle psychischen Vorgänge brauchen Zeit, ebenso wie auch alle physikalischen. „Langsames Üben" hat also nicht nur den bekannten Zweck, Abläufe bewegungsorganisatorisch zu verdeutlichen, sondern auch den, die musikalischen Elemente in diesem Sinne dem Gedächtnis einzuprägen, „einzubrennen".

Man benötigt aber nicht nur Zeit, sondern auch Pausen: Pausen von einigen Sekunden Dauer, um Einprägungen zu ermöglichen, die nicht sofort durch nachfolgende Eindrücke wieder gelöscht werden. Was genau in diesen Einprägepausen geschieht, entzieht sich unserer Beobachtung. Beim Üben wird der minimale Zeitaufwand, den diese kleinen Pausen beanspruchen, leider allzu oft zugunsten einer sofortigen, oft hektischen „Versuchswiederholung" eingespart. So hat man eine Lernchance verpasst und stattdessen unter Umständen eine unerwünschte Version noch stärker verankert! Verständlich ist dieses Verhalten allerdings, denn niemand spürt sinnlich, wie er lernt: Falsches Lernverhalten tut leider nicht weh.

Sprachliche Beschreibung ist natürlich auch bei Tonverbindungen und Figuren hilfreich. Welche Linie hat die Figur? Welchen Charakter hat der Sprung? Welchem Berg, welchem Tal, welchem Naturphänomen entspricht diese Figur, bei der ich mich schon so oft geirrt, die ich schon so oft mit einer anderen verwechselt habe? Kann ich sie mit einem Bild, einer Farbe, einem Gegenstand, einer Landschaft vergleichen?

Beschreibungen gewinnen noch an Intensität, wenn man sie tatsächlich laut ausspricht. Dabei hinterlässt die Tätigkeit der Sprachmuskulatur selbst eine Gedächtnisspur.

Selbstverständlich gehören diese musikalischen Gedächtnispraktiken in die „Werkstatt". Beim Spielen auf dem Podium brauchen sie nicht „mitgeschleppt" zu werden. Sie dienen dem sinnvollen Aufbau eines „Gesamtkunstwerks" aus Fühlen, Wissen und Können, das in unserem Gedächtnis als ein weit verzweigtes Netzwerk sicher abgespeichert ist und dann störungsfrei auf dem Podium zur Verfügung steht.

Vergessen wir nicht: Lampenfieber verliert in dem Maß an Schrecken, in welchem ich mir meines Gedächtnisses sicher sein kann.

5. Das emotionale Gedächtnis

Ein Gedächtnisinhalt wird deutlicher gespeichert, wenn er mit einer starken Emotion verknüpft ist, wenn er „emotional aufgeladen" ist, wenn er mit Querverbindungen (z. B. starken Sinneseindrücken) zu emotional erinnerbaren Ereignissen ausgestattet wird. Bilder, Metaphern, Analogien stellen solche stabilisierenden Querverbindungen dar. Menschen reagieren ganz unterschiedlich auf Eindrücke der verschiedenen Sinnesorgane. Selbst Düfte oder ein bestimmter Geschmack sind für manche Menschen als Assoziationen geeignet, um musikalische Inhalte „querzuverbinden", ihnen einen vielleicht ursprünglich keineswegs vorhandenen, sinnlich erfahrbaren „Körper" zu verleihen. Auch hier haben wir es mit einer emotionalen Aufladung zu tun.

Ein Musiker kann Melodien und Passagen allein schon durch eine starke dynamische Differenzierung „aufladen". Leopold Mozart fordert für expressive Einzeltöne, aber auch für simple musikalische Gebilde wie etwa eine Tonleiter, eine dynamische „Grundausstattung", einen kleinen lebendigen

Schweller, dessen genaue ästhetische Ausprägung und Variation (es können ja z.B. auch zwei variierte Schweller sein!) wie immer dem „guten Geschmack" anheim gestellt werden. (Die dynamische Gestaltung von Ton-Ton-Beziehungen kann und muss eine Grundgewohnheit des Musikers sein!) Die bewusste Intensivierung des Klangprofils erzeugt beim Spieler einen größeren Gestaltungswillen und beim Hörer eine höhere Aufmerksamkeit.

Die emotionale Aufladung eines Gedächtnisinhalts wird nicht nur, bewusst oder unbewusst, vom Spieler selbst initiiert. Auch Situationen oder Mitmenschen wirken sich – positiv oder negativ – aus. Ein originelles, beglückendes Lob, aber auch ein „blamabler" Fehler graben sich womöglich für den Rest des Lebens zusammen mit den damit verknüpften Emotionen tief in unsere Erinnerung ein. Gerade in diesem Zusammenhang ist die Verantwortung des Lehrers nicht hoch genug einzuschätzen. Im Unterricht, in der stark emotional bestimmten Kommunikation zwischen Lehrer und Schüler, entscheidet sich in höchstem Maße, wie stark eine „Maßnahme", z.B. eine wichtige Haltungs- oder Bewegungsanweisung, eine Basisinformation über die Interpretation eines Werks, eine künstlerische Maxime, eine Metapher, ein wichtiger Rat zum Üben oder gar ein Lob, als Stütze des Selbstbewusstseins emotional eingeprägt wird.

Emotionale Aufladung eines Gedächtnisinhalts (eines ganzen Musikstücks, aber auch nur einer bestimmten Stelle) kann selbstverständlich auch ohne Partner, ohne Lehrer, nur beim eigenen Üben stattfinden: Ich darf mich durchaus selbst loben, wenn mir nach meinem eigenen Urteil eine Darstellung besonders gut gelungen ist, eine Übebemühung zum Ziel geführt hat. „Eigenlob stinkt nicht", sondern lädt positiv emotional auf.

Musik wird auch dann emotional aufgeladen, wenn ich sie mit einem persönlichen Erlebnis, einer persönlichen Episode, einem inneren Bild in Verbindung bringen kann. Man spricht heute in der Lernpsychologie von einem „episodischen Gedächtnis". Dieses Gedächtnis eignet sich hervorragend für Verknüpfungen mit musikalischen Ereignissen. Musik repräsentiert, wenn auch in stilisierter Form, psychische Ereignisse und Prozesse.

Man kann sich z.B. einen Wanderer auf einer Wiese, eine Tänzerin, einen Akrobaten, einen Pantomimen oder sich selbst in der Rolle einer dieser Figuren vorstellen. Eine der am leichtesten vorstellbaren Figuren ist ein Dirigent oder vielleicht eine geliebte Person, die mein Spiel dirigiert oder die meinem Spiel zuhört. Die Aufforderung an eine Studentin, ein Bach-Präludium doch ihrer kleinen Tochter zu „erzählen", verwandelte ihr Spiel augenblicklich, verklärte es geradezu, als wäre sie eine andere Person. Notenköpfe, und seien sie noch so sauber und „schön" gespielt, stellen keine Mitteilung dar, schon gar keine Aufforderung zum intensiven Zuhören. Ich muss also meine Musik in irgendeiner Form emotional aufladen – man könnte auch sagen: einer Regie unterordnen – und dabei bin ich selbst der Regisseur. Man kann auf diesem Gebiet kaum Fehler machen, zumal meine Assoziationen ja niemanden etwas angehen und auch niemand weiß, was ich mir beim Musizieren denke. Alles ist erlaubt. Erlaubt ist, was gelingt. Wer bereit ist, sich auf solche Abenteuer einzulassen, betritt möglicherweise eine ganz neue Welt musikalischer Darstellung.

Erstaunlicherweise wird im Zusammenhang mit der emotionalen Interpretation von Musik viel zu wenig von Humor gesprochen. Eine Unterrichtsstunde, in der nicht gelacht wird, ist eine verlorene Unterrichtsstunde! Humor ist nicht nur bei der Vermittlung von Musik ein unverzichtbares Element, sondern natürlich auch innerhalb der Musik selbst. Wenn man eine Solosuite für Violoncello von J.S. Bach einmal auf die zahllosen Späße und Witze hin „abklopft", auf lustige, tänzerische, verschmitzte Gesten und spaßige Täuschungen, braucht diese

Musik nicht die so oft beobachtete trostlose Humorlosigkeit auszustrahlen, die von Kritikern gemeinhin unter „vergeistigt" subsumiert wird. Ich kann nur „mit Freiheit" spielen. Humor gibt mir Freiheit – und umgekehrt.

Dies ist ganz wörtlich zu nehmen: Humor kann nicht ohne rhythmische Freiheit dargestellt werden. Das Metronom ist völlig humorlos. Man stelle sich einen metronomischen Wiener Walzer vor! Auch die Freiheit der Dynamik gehört zum Humor. Humor entsteht durch kleine und große Überraschungen, durch plötzliche Änderung des Blickwinkels, durch Umdeutung von bisher festen Begriffen und Eindrücken. Humor wird möglich, wenn man sich vom Üblichen, Platten, Selbstverständlichen entfernt. Ohne agogische und dynamische Freiheit ist dies nicht zu schaffen!

Diese Freiheit kann nur der Spieler selbst erzeugen. Der gedruckte Notentext ist in dieser Hinsicht zunächst völlig neutral, unfrei, also humorlos. Er suggeriert eine mathematische Einteilung von Zeit und eine gleichmäßig kontinuierliche Dynamik, auch da, wo sie durch Gabeln zu Diminuendo oder Crescendo erweitert wird. Selbst ein noch so üppig bezeichneter Notentext strahlt für sich genommen keinerlei Humor aus. Humor entsteht durch feine geistreiche Abweichung von dem, was im Notentext steht.

Humor ist, so gesehen, eine zusätzliche Gedächtnisklammer für eine lampenfieberfreie Interpretation. Denn Humor kann nur durch Sinn stiftende Verknüpfungen zwischen einzelnen Teilen der Musik entstehen, z.B. zwischen Sequenzen oder ähnlichen Analogien. Ein rein additiv gespielter Text, sei er auch noch so „expressiv" dargeboten, kann niemals Humor ausstrahlen.

Lachen ist gesund, dies ist inzwischen auch im streng medizinischen Sinne zweifelsfrei erwiesen. Lachen erzeugt eine ganz eigene, ganzheitliche körperliche Koordination und zeigt uns (gibt es ein besseres Beispiel?) die enge Beziehung zwischen psychischen und körperlichen Bewegungen. In der Musik, vor allem in der klassischen, wird viel zu wenig gelacht.

Und: Gelacht wird im Allgemeinen in Gesellschaft. Lachen hat also eine soziale Bedeutung, es schafft Gefühlsverbindungen zwischen den Menschen. Wer lacht, vergisst für einen Augenblick seine Isoliertheit als Individuum. Versuchen wir, das aus dem Gefühl der Isolation entstandene Lampenfieber wegzulachen!

Fazit

- Die Qualität des Übens entscheidet über die positive oder negative Wirkung des Lampenfiebers. Üben ist Wiederholung mit einem bei jedem Durchgang beschriebenen Ziel.
- Üben über viele Kanäle (motorisch, strukturell, akustisch, räumlich, visuell) stärkt das Gedächtnis, bringt also Sicherheit auf dem Podium.
- Auch technische Abläufe zur besseren Einprägung mit Ausdruck und Dynamik üben.
- Mit Gefühl üben! Dazu gehören Assoziationen, Sprache, Humor. Humor vertreibt das Lampenfieber durch Verschiebung psychischer Prioritäten.

IV. Überituale

Spitzenjongleure ritualisieren ihre Übephasen, um beim Auftritt größtmögliche Sicherheit fern von lähmendem Lampenfieber zu haben. Bestimmte rituelle Verhaltensweisen können auch beim instrumentalen Üben dem Lampenfieber auf der Bühne direkt entgegenwirken. Es ist zu beobachten, dass große Künstler ihre Übesitzungen mit einer außerordentlich fein abgestuften Disziplin durchführen, die man durchaus als ein kreatives Ritual bezeichnen kann. Selbst das Festlegen von Wiederholungszahlen bei Übedurchgängen muss nicht als pedantische Zwangshandlung angesehen werden, sondern kann in den Übeablauf eine gewisse Ruhe und Sicherheit bringen.

Das Ritual bei Übesitzungen erfordert Disziplin, die sich auf verschiedene Teilhandlungen erstrecken kann:
- Regelmäßige Vorbereitungen treffen, wie z.B. Händewaschen, Stimmen des Instruments o.Ä. (je nach Instrument).
- Zu Beginn Aufwärmphase durchführen.
- Regelmäßige Pausen nach einer gewissen Konzentrationszeit einhalten.
- Ausgewählte rhythmische Varianten spielen bzw. für jeweils definierte technische Aufgaben geeignete Phasen rotierender Aufmerksamkeit (s. S. 89, 124) durchführen.
- Nach einer bestimmten Zahl von Durchgängen abbrechen, auch wenn noch keine Perfektion erreicht ist. Der Lernprozess erstreckt sich über mehr als eine Sitzung! Eines der größten Übel beim Üben ist nicht Konzentrationsmangel, sondern Überkonzentration.
- Probleme laut sprechend beschreiben.
- Auch bei kleineren Abschnitten Zeitaufwand zum Üben einschätzen.
- Wiederholungen als problemlösendes Handeln mit definiertem Übeaspekt einsetzen. Nicht nach dem „Prinzip Hoff-

nung" üben. Wichtig: Misserfolge prägen sich ebenfalls ein! Auch gut gelungene Muster einige Male wiederholen.
- Üben als Prozess vergegenwärtigen! Üben nicht mit Enttäuschung darüber befrachten, dass das Ziel noch nicht erreicht ist. (Im normalen Leben reagiere ich auch nicht ungeduldig, wenn ich z.B. eine Reise mit der Bahn antrete, deren Dauer ich kenne: Statt nervös auf die Uhr zu schauen, kann ich mich gelassen zurücklehnen und die Landschaft an meinem Auge vorbeiziehen lassen. Ich weiß, dass ich ankommen werde.)
- Wiederkehrender, vergleichender Rückblick auf den zurückgelegten Weg: Was geht jetzt besser als vorhin, was geht heute besser als gestern, als vor einer Woche, einem Monat, einem Jahr? Wo stehe ich?
- Zur Definition des musikalischen Konzepts immer wieder auch größere Einheiten durchspielen.

Das Ritual bringt also Gelassenheit in das Üben. Gelassenheit beim Üben ist eine gute Voraussetzung für Gelassenheit auf der Bühne.

Die Leistung auf dem Podium enthält die Summe der inneren Haltungen beim Üben! Ungeduld und mangelnde Frustrationstoleranz sind Haltungen, die dem Lernprozess und dem Lernresultat als „emotionale Aufladung" mitgegeben werden können. Rituell ausgeformtes Üben kann solche negativen Aufladungen mindern.

Fazit

- Überkonzentration, Ungeduld und Enttäuschung beim Üben schlagen sich auf dem Podium als Unsicherheit nieder.
- Rituale bringen Ruhe und Sicherheit schon beim Üben.
- Jeder kann sich sein persönliches Überitual schaffen.

V. Umgang mit Fehlern

1. Einstellung zum Fehler

Einer der wichtigsten Faktoren bei der Lampenfieberbewältigung ist die Einstellung zum Fehler. Wenn ich Angst vor Fehlern habe, wird diese schon beim Einprägen von Musik mitgelernt. Eine bestimmte Stelle kann auf dem Podium punktförmig Angst erzeugen, wenn sie mit Angst geübt wurde. Man kann im Instrumentalspiel von „Mikroängsten" sprechen, die sich ausschließlich auf eine bestimmte Stelle, ja sogar auf eine bestimmte Tonverbindung (z.B. einen Sprung) beziehen können. Wer Angst hat, einen Fehler zu machen, versucht schon im Vorfeld einer Schwierigkeit, „prophylaktische" Korrekturimpulse in seine Bewegung einzubauen, denn: „Es könnte ja misslingen!" Man lernt auf diese Weise statt einer ruhigen, allmählich immer sicherer werdenden Bewegung eine Bewegung, die nie ohne „angstbesetzte Vorauskorrektur" abläuft, also immer von störenden muskulären Aktivitäten überwuchert ist.

Dies kann einen Teufelskreis verursachen, der „Angst vor der Angst" aufbaut. Beispielhaft kommt dieses Verhalten beim Üben von Oktaven bei Streichern vor: Im „sicheren" Bewusstsein, dass der folgende Oktavgriff ohnehin unsauber wird, wird der ganze Bewegungsvorgang beeinträchtigt und in einer letztlich unkorrigierbaren Weise ausgeführt. Ein negativer Lerneffekt.

Hier gibt es nur ein Mittel: Ich muss durch Üben l e r n e n (der einmalige gute Vorsatz allein reicht nicht!), Fehler v o l l a u s z u s p i e l e n , ja geradezu auszukosten. Bei einem Sprung auf einem Streichinstrument z.B. bedarf es einer beträchtlichen Anzahl von Wiederholungen (zwischen fünf und zehn), um zum ersten Mal überhaupt einen u n s a u b e r e n Ton ohne jede reflektorisch-zwanghaft sich einstellende Nachkorrektur stehen lassen zu können! (Eine sichere Beurteilungsfähigkeit der Intonation wird hier vorausgesetzt.) In den darauf folgenden Übewiederholungen kann ich dann die Korrektur in die Zielplanung vorverlegen, aufgrund der Information, die mir der „richtige Fehler" geliefert hat. Wenn mir dies gelingt, habe ich den ersten Schritt getan, um eine ruhige, unkorrigierte und deshalb angstfreie Zielbewegung auszuführen! So kann ich die „Mikroangst" schon im Ansatz unterlaufen.

Dies mag zwar nur ein kleiner Schritt zur Bewältigung der Aufführungangst sein – er vermeidet jedoch schon im Vorfeld ein „Fehl"-Verhalten, das sich später auf dem Podium potenziert. Insofern ist dieses Vorgehen, auch wenn es das Lampenfieber nicht zum Verschwinden bringt, für alle Musiker eine – erlernbare – Teilprophylaxe gegen das Lampenfieber. Mit Mut und ohne Reue einen falschen Ton spielen zu können, ist ein Verhalten, das durchaus übbar ist und einen gewissen übergeordneten Humor fordert und fördert. Humor erzeugt Gelassenheit. Also: Auch Fehler machen will gelernt sein!

2. „Fehlerfreundlichkeit" und Perfektion

Schon im Unterricht ist das Verhalten des Lehrers bei einem Fehler seines Schülers von entscheidender Bedeutung: In einer Arbeitssituation, in der z. B. klangliche Einzelheiten besprochen werden, sollte ein falscher oder unsauberer Ton überhaupt nicht seitens des Lehrers kommentiert werden, noch nicht einmal durch einen heruntergezogenen Mundwinkel. Es ist selbstverständlich, dass die Aufmerksamkeit des Schülers in einer derartigen Situation auf ein bestimmtes Detail fokussiert ist, auf ein anderes eben nicht. Fehler sind hier unvermeidlich. (Auch die Aufmerksamkeit des Lehrers wäre wahrscheinlich in einer vergleichbaren Situation überfordert!)

Eine solche ruhige, einerseits nüchterne, andererseits freundlich-kreative, kollegiale Arbeitsweise überträgt sich auf den Schüler. Er wird sich wegen eines Fehlers nicht schämen. Es ist außerordentlich entspannend, Fehler machen zu dürfen. Auch jeder Lehrer macht Fehler. Das „augenzwinkernde" Eingeständnis von Fehlern seitens des Lehrers ist konstruktiv für das Selbstbewusstsein des Schülers.

Frederic Vester spricht in seinem Buch *Die Kunst, vernetzt zu denken* von der Notwendigkeit der „Fehlerfreundlichkeit" in allen menschlichen und zwischenmenschlichen Systemen. Selbst in der Industrie, im technischen Denken ist der Fehler eine fest einzukalkulierende Größe, und sei es nur als Angebot eines Spielraums, den sogar zwei mechanisch aufeinander abgestimmte Teile wie ein Rad und eine Achse oder ein Kolben und ein Zylinder bei einem Motor haben dürfen und müssen. Denn selbst das simpelste mechanische Gerät kann nur funktionieren, wenn seine Teile mit einer gewissen Fehlertoleranz zueinander ausgestattet sind. Ohne Fehlermöglichkeit ist kreatives Verhalten undenkbar.

In der mehr ganzheitlich arbeitenden rechten Gehirnhälfte spielt der Begriff des Fehlers fast keine Rolle. Die rechte Gehirnhälfte muss unscharf denken, wenn sie ganzheitlich denken und erleben will. Die linke denkt eher „scharf", aber für sich genommen zu detailliert, um Zusammenhänge herstellen zu können: Erst beide zusammen ergeben „intelligentes", kreatives Denken!

Der Zwang zur Perfektion ist immer lähmend, sei es in einem Industriebetrieb, in einer zwischenmenschlichen Beziehung, in politischen Systemen. Der Zwang zur Perfektion hat sich immer und überall als der erste Schritt zum Absturz erwiesen. Diese Erkenntnis ist direkt auf unsere Überlegungen zum Lampenfieber übertragbar: Es ist wichtiger, dass das „System" unserer Persönlichkeit flexibel auf alle Unwägbarkeiten reagieren kann, als dass es keine Fehler macht. Der Mensch fühlt sich dann wohl („das System ist flexibel"), wenn er Fehler machen – und korrigieren – darf. Die Natur zeigt es uns in all ihren Ausprägungen: Die Fehlertoleranz ist eines der wichtigsten Eigenschaften in dem vernetzten System der Natur. Auch ein junges Raubtier verhungert nicht wegen eines misslungenen Jagdversuchs, sondern lernt daraus für das nächste Mal.

Das Prinzip der Fehlertoleranz führt paradoxerweise geradewegs zur Fehlervermeidung ohne Angst. Es ist erstaunlich, dass die „Erlaubnis", Fehler zu machen, Fehler oft geradezu verhindert oder zumindest vermindert: Die Erlaubnis zum Fehler erzeugt einen Zustand, aus dem heraus der Körper einfach „besser", entspannter und damit zielgerichteter agiert.

In den meisten Arbeitssituationen, im Unterricht, beim Üben richtet man die Aufmerksamkeit auf irgendeinen bestimmten Parameter. Ein Beispiel: der Saitenübergang beim Streicher. Wenn ich als Lehrer im Vorhinein sage: „Es kommt jetzt überhaupt nicht auf die Intonation an, ich werde sie in keinem Fall kommentieren", pflegt der darauf folgende Übedurchgang eigenartigerweise sogar meist sauberer intoniert zu sein als der vorherige, voll auf die Intonation konzentrierte, vielleicht überkonzentrierte Übedurchgang.

Oder anders ausgedrückt: Perfektion, soweit sie überhaupt möglich ist, ist nur über Flexibilität erreichbar! Dies soll nicht heißen, dass nicht immer wieder mit voller Konzentration auf die größtmögliche Genauigkeit hingearbeitet werden muss, z.B. beim Disponieren von Doppelgriffen auf einem Streichinstrument, wo ohne klare Vorstellung und Definition, ja sprachliche Beschreibung der speziellen Intervalle keine sauberen Terzen, Sexten oder Oktaven möglich sind. Immerhin bleibt aber zu bemerken, dass durch ein „Weglenken" der Aufmerksamkeit von einem Problem oft ein ausgesprochenes Wohlbefinden ins Spiel kommt.

Also: Abwechselnd mit Konzentration auf das Problem und mit Weglenken der Aufmerksamkeit vom Problem auf andere Dinge (z.B. die Dynamik) üben! Dies entspricht einer abwechselnden Nutzbarmachung der für die beiden Gehirnhälften jeweils besonders geeigneten Strategien.

3. Absichtliche Fehler

Für das Thema Lampenfieber bedeutet dies: Um von der Zwanghaftigkeit der Fehlervermeidung wegzukommen, kann ich gelegentlich absichtlich Fehler machen – absichtlich einmal unsauber, einmal komisch oder übertrieben, einmal karikaturhaft eine Stelle spielen, etwa mit einem überzogenen Glissando auf einem Streichinstrument, einem überblasenen Ansatz auf einem Blasinstrument. Schon das damit verbundene Gelächter hat eine befreiende, deutlich spürbar auch muskulär entspannende Wirkung! Der „Fehler" kann über diesen Umweg außerdem einen wichtigen Hinweis zum Charakter der „richtigen" Ausführung geben: Das lächerliche Glissando kann sich, reduziert, zu einem wunderschönen Portamento „mausern", zu dem man auf direktem, „seriösen" Weg vielleicht nie gekommen wäre. Der bewusst „in den Sand" gesetzte Sprung auf der Tastatur kann ein Gefühl erzeugen, wie man eine völlig angstfreie Bewegung macht!

Manchmal sind Fehler sogar notwendig. Um auf einem Streichinstrument zu erfahren und sicher zu lernen, wie nah am Steg ich spielen kann, ohne dass der Ton abbricht, muss ein Lehrer seinen Schüler ermutigen, viele Versuche so anzulegen, dass sie zum Zerbrechen des Tons (durch zu große Stegannäherung) führen, sonst wird er nie erfahren, wo genau in einer gegebenen Situation die Grenzen seiner Klangmöglichkeiten liegen.

Auch auf dem Podium kann paradoxerweise ein Fehler zu großer Sicherheit führen: Viele Künstler berichten von der Beruhigung nach einem Fehler. Man findet sich danach gewissermaßen als „normaler" Mensch wieder, der eben auch einmal einen Fehler macht. Man hat das Gefühl, dem „zwanghaften" Streben nach vielleicht steriler Perfektion an diesem Abend entronnen zu sein. Stattdessen kann man endlich „zwanglos" Musik machen – mit der für eine mitreißende Aufführung nötigen Risikofreude! Dies setzt allerdings voraus, dass man auch schon beim Üben den Fehler nicht als peinliche Panne, sondern als Freund und Ideenlieferant erlebt.

4. Fehlerwiederholung und Einprägung

Ein Fehler, der mit einer spielerischen, variationsfreundlichen Haltung gemacht wird, kann keinen Schaden stiften. Wenn allerdings ein Fehler unbearbeitet unzählige Male wiederholt wird, prägt er sich tief ein und ist nur außerordentlich schwer zu korrigieren. Er hat dann eine so tiefe Gedächtnisspur gegraben, dass in manchen Fällen nur noch eine Änderung der Grundeinrichtung, also z.B. des Fingersatzes, hilft, aus dieser Spur wieder herauszukommen.

Beim „forschenden Üben", bei dem ich etwas ausprobiere, sei es nun einen neuen Fingersatz, eine variierte Dynamik, eine neue Haltung oder Teilbewegung, entstehen selbstverständlich viele Fehler. Ohne diese „Fehler" kann gar kein kreativer Vergleich stattfinden, keine ästhetisch als sinnvoll empfundene Auswahl getroffen werden. Solche Fehler, bis hin zu absichtlichen Fehlervarianten (auch absichtliche Textveränderungen gehören hierher!), sind Voraussetzung für ein erfolgreiches künstlerisches Üben.

Habe ich aber eine zumindest derzeit optimale Lösung (dies gilt speziell für eine schwere Stelle) gefunden, sollte sie durch Wiederholung eingeprägt werden. Beim Üben finden wir oft folgendes Verhalten: Man übt, probiert allerlei aus, wiederholt viele Male, ohne dass der gewünschte Erfolg sich einstellt. Nach einiger Zeit gelingt der Versuch vielleicht tatsächlich erstmalig und einmalig – und jetzt begeht der Übende oft einen wirklichen Fehler, nämlich einen Übe- und Verhaltensfehler. Er meint, wenn er nach vielen Versuchen einen erstmaligen Übeerfolg errungen hat, dass die Stelle „sitzt". Wir brauchen aber, das hat schon Carl Flesch in seiner Violinschule deutlich gemacht, eine gewisse Anzahl von Einprägewiederholungen (im Gegensatz zu Versuchswiederholungen), um über einen Übeerfolg auch wirklich sicher zu verfügen.

Andererseits: Man kann eine Stelle, einen Abschnitt auch „tot üben". Ist ein größerer Abschnitt eines Werks wirklich gut gelungen, sollte man ihn auch einmal „in Ruhe lassen". Der eigentliche Speicherungsprozess findet ohnehin nicht im Moment der Einprägung oder direkt danach, sondern später – oft sogar im Schlaf – statt (s. S. 167). Und morgen ist auch noch ein Tag!

Fazit

- Fehler macht jeder. Aus Fehlern (auch absichtlich gemachten) kann man lernen.
- Richtiges Fehlermachen will gelernt sein. Fehler akzeptieren, dann beschreiben, statt sie „unter den Teppich zu kehren".
- Ein flexibles System ist fehlerfreundlich.
- Zwang zur Perfektion lähmt.
- Übeerfolge durch Wiederholung sicher einprägen.

VI. Mentales Training

Mentales Training ist inzwischen in der Instrumentalpädagogik eine bekannte und in vielen Veröffentlichungen beschriebene Technik. Es ist ein außerordentlich beruhigendes Gefühl, vor einem Konzert die Stücke mental – ohne Instrument – in Gedanken „durchlaufen" zu lassen. Man kann auf diese Weise „Fehler", die als solche gar nie erklangen, sondern nur kleine Gedankenunsicherheiten waren, entsprechend korrigieren. Wer diese Technik gut beherrscht, kann sogar Ungenauigkeiten, z. B. in Intonation oder Bewegungsdetails, rein mental verbessern.

Es liegt also nahe, mental auch einen Zustand zu vergegenwärtigen, wie ihn das Lampenfieber darstellt. Bestimmte Methoden der „Desensibilisierung" arbeiten sogar mit einer „Massierung" der Angst, also mit dem Herbeiführen der Angst auslösenden Situation (etwa bei der Verhaltenstherapie gegen Flugangst), um so die Gewöhnung an den Zustand zu erreichen und damit die Angst abzubauen. Es ist deshalb schon beim Üben sinnvoll, sich immer wieder die Konzertsituation mit allen Einzelheiten – Raum, Beleuchtung, Akustik, Hausmeister, Künstlerzimmer und natürlich Publikum – vorzustellen.

Bei der Vorbereitung von Sportlern für Wettkämpfe wird die psychologische Bearbeitung des „Ernstfalls" mindestens ein halbes Jahr vorher begonnen. Die Konzertsituation, die wahrscheinlich Lampenfieber auslöst, sollte auf jeden Fall so früh durch mentales Training bearbeitet werden, dass auch Zeit bleibt, den Erfolg bzw. das Glücksgefühl des Gelingens als eine vorweggenommene Tatsache mit in diese mentale Vorbereitung hereinzunehmen!

Beim mentalen Training sowohl im Sport als auch im Instrumentalspiel ist es allerdings wichtig, immer wieder in die reale

Spielsituation zurückzukehren. Mentales Training ersetzt die wirkliche Situation nicht, sondern kann sie nur ergänzen.

Die Verfügbarkeit meines Könnens, also der gelernte Gedächtnisinhalt, kann unmittelbar vor dem Konzert kaum noch durch mentales Training gesteigert werden. In dieser Phase besteht sogar die Gefahr, dass kleine, bei der mentalen Repräsentation auftretende Fehler (mangels unterstützender Motorik) Angst erzeugen. Vor dem Konzert ist nur noch der Zustand entscheidend, nicht die Kontrolle über Details, nicht die Korrektur. Deshalb ist es kurz vor dem Auftritt nicht sinnvoll, noch einmal ängstlich technische Abläufe mental zu üben. Dies ist einer früheren Phase, spätestens vielleicht noch dem Vormittag des Konzerts, vorbehalten.

Fazit

- Wer mental üben kann, hat immer eine Übegelegenheit.
- Wer mental übt, weiß genau, wie gut er seine Musik im Kopf hat.
- Kein mentales Training unmittelbar vor dem Auftritt!

VII. Zeit und Raum

1. Zeitgestaltung

Musik ist Kunst in der Zeit, ist die Kunst der Zeitgestaltung. Wer ungeduldig ist, hat keine Zeit. Ihm fehlt der Werkstoff für seine Kunst. Es ist hilfreich, diesen Zusammenhang ins Bewusstsein zu holen, denn für einen Musiker gibt es viele Anlässe, geduldig oder ungeduldig zu sein. Man wähle als Beispiel den Beginn eines Musikstücks: Bevor der erste Ton real akustisch erklingt, hat die musikalische Spannung längst angefangen. Ein überstürzt, ohne mentale und auch körperliche Vorbereitung begonnenes Stück fängt schlecht an, ähnlich einem Fehlstart beim Sprint. Und: Ein missglückter Anfang wirkt sich weit in ein Musikstück hinein negativ aus. Man muss diese Ungeduld noch lange durch unbeholfene, nervöse Korrekturen in der Zeitgestaltung reparieren; dies gilt auch für alle „Teilanfänge" in einem Werk.

Geduld ist eine Tugend, die man nicht erst auf dem Podium üben darf, denn es besteht die Gefahr, dass man bei Stress noch viel weniger Geduld hat und „der Zeit hinterherrennt", statt sie „geduldig" auf sich zukommen zu lassen. Der Ungeduldige kommt in der Musik immer zu früh. Es ist ein bekanntes Phänomen, dass alle musikalischen Impulse, die über den dynamischen Standardhintergrund hinausragen, die also „auffallen" oder auch auffallen sollen (Akzente, plötzlich einsetzende schnelle Notenwerte, Triller, spontane dynamische Wechsel), fast unweigerlich zu früh kommen. Es ist, als würde sich bei einem derartigen plötzlichen musikalischen Ereignis, das durchaus ein intensiver Gestaltungsimpuls sein kann, die Laufgeschwindigkeit der Nervenimpulse an die ausführenden peripheren Muskeln erhöhen, fast als herrschte in solchen Momenten eine höhere Voltspannung im neuromuskulären

System. Wenn man dies aber weiß, kann man gegensteuern: Lieber also bei einem Akzent etwas länger warten! Die Spannung für dieses Warten kommt aus dem „Bauch", aus dem Solarplexus: Eine leichte Spannung „spannt die Zeit" gewissermaßen; der Impuls kommt nicht zu früh. Die Wirkung von Akzenten erfährt ohnehin eine Steigerung, wenn der Hörer „auf die Folter gespannt" wird, wenn er ein wenig warten muss.

Unter Stress wird die an sich schon „normale" Tendenz, Akzente zu früh zu bringen, statt sie hinauszuziehen, noch verstärkt. Bei Nervosität spielt jeder ohnehin ein bisschen schneller, denn der erhöhte Pulsschlag suggeriert ein schnelleres „Normaltempo" als das beim Üben gewohnte. Die bewusste Gegenreaktion gegen dieses durch Lampenfieber verstärkte Verhalten heißt „warten".

2. Pausen

„Zeitgestaltung" mit Geduld als künstlerischem Mittel zur Spannungsmodifikation bezieht sich in hohem Maße auch auf Pausen. Es empfiehlt sich, Pausen lieber ein bisschen länger zu halten und freie Pausen nicht metronomisch zu zählen, sondern psychologisch-gestisch zu empfinden. Folgende Fragen sind hilfreich: Wann muss der nächste Ton, der nächste Einsatz spätestens kommen, unter den Bedingungen seiner harmonischen, intervallischen, rhythmisch-tänzerischen Eigenschaften? Man kann etwas überspitzt verallgemeinern: Das Metronom kommt in der Mehrzahl der Fälle musikalisch zu früh. Es ist rücksichtslos gegenüber der wechselnden Dichte der Musik, also auch der wechselnden Anforderung an die Aufmerksamkeit des Hörers.

Der Hörer braucht mehr Zeit zum Verständnis einer musikalischen Struktur als der Spieler, weil dieser die genauen Abläufe kennt, also selbst keine „echten" Überraschungen erlebt. Dem Hörer gegenüber bin ich allerdings als Künstler verpflichtet, das Tempo so zu gestalten, dass er versteht, was ich spiele und warum ich es so und nicht anders spiele, vergleichbar einem guten Redner, der überzeugend und verständlich deklamiert. Für den heute üblichen Ausdruck „Deklamation" verwendete man früher den Begriff „Prosodie" („Vor-Gesang"!), ein Begriff, der sich in hohem Maße auf Tempo und Pausen bezieht. Von Beethoven ist bekannt, dass er die Kenntnis der „Prosodie" als unabdingbare Voraussetzung für eine gute Interpretation erachtete. Beim Redner erhalten Tempo, Betonungen und Pausen ihre Begründung in der semantischen und syntaktischen Verständlichkeit, in der Interpunktion eines Satzes. Auch bei der musikalischen Interpretation kann man von Interpunktion sprechen, und auch hier ist die Pause eine unerlässliche Bedingung und ein überaus vielseitiges Mittel für eine überzeugende Deklamation.

Oft trifft man bei Musikern auf Furcht vor Pausen mit dem Argument, die Musik würde durch zu viele Pausen „zerstückelt". Abgesehen davon, dass man natürlich alles übertreiben und die Musik tatsächlich durch überzogene Pausen zerstückeln kann, trifft dies in den allermeisten Fällen nicht zu. Die akustische Präsenz von physikalischem Klang ist keinerlei Garant für musikalische Präsenz. In der Musik erzeugen Pausen und auch lange hinausgezogene Töne Spannung. Der Hörer wird in eine erhöhte Erwartungshaltung versetzt, die seine Aufmerksamkeit steigert.

Der Hörer braucht Pausen zum Atmen. Wenn ich als Spieler ihm diesen Atem nicht gönne, ihm durch mein Spiel „Atemlosigkeit" aufdränge, wird er unbewusst versuchen, sich diesem Zwang zu entziehen. Mein Spiel hat ja eine – bis hin zu körperlicher Resonanz gehende – Wirkung auf den Hörer. Und ich möchte erreichen, dass er zumindest innerlich-emotional, das bedeutet aber fast auch äußerlich-muskulär, mit meinem Spiel mitschwingt. Dies kann mir nicht gelingen, wenn ich ihn nicht zum Atmen kommen lasse. Dass dieses „Atmenlassen" natürlich auch bei mir selbst Ruhe in das Spiel bringt, Zeit zur Verfügung stellt für Ausdrucksdisposition, sogar für technische Disposition, ist offensichtlich.

Pausen muss man üben. Es gibt einen Zustand auf dem Podium, in dem man unfähig ist, eine Pause (oder einen Ton) zu verlängern, fast wie in einem bösen Traum, in dem man nicht mehr autonom, sondern nur noch zwanghaft handeln kann. Wenn solches Handeln nicht schon im Vorfeld – beim normalen Üben im lampenfieberfreien Zustand – durch rhythmische Flexibilität, durch das Einüben musikalischer Pausen im Sinne einer fast übertriebenen Interpunktion – ausgeschlossen wird, kann das Tempo auch auf dem Podium nicht mehr autonom gestaltet werden. Eine Punktierung beispielsweise, die beim Üben immer zu kurz ausgehalten wurde, kann auf dem Podium nicht mehr verlängert werden, selbst wenn ich das will! Man fühlt sich wie eine Marionette, aufgehängt an den Fäden der eingeübten Schemata, die man nicht mehr beeinflussen kann! Dies ist einer der Gründe, warum vor einem Konzert möglichst nur noch langsam geübt werden sollte, denn im langsamen Üben gleitet mir die Kontrolle über die Tempogestaltung nicht aus der Hand.

3. Langsames Üben und Tempovarianten

Das langsame Üben ist kein Allheilmittel, da manche Probleme überhaupt erst bei schnelleren Abläufen entstehen und beobachtbar sind. Doch hat das langsame Üben als immer wiederkehrende Übeform schneller Abläufe eine wichtige Funktion, die gelegentlich unter dem Vorwand von Zeitmangel verschenkt wird. Die Extrazeit für langsames Üben ist immer eine gute Investition! Dem langsamen Üben kann eine ganze Reihe unterschiedlicher Funktionen zugeordnet werden.

- Am Anfang muss ich langsam spielen, um die neuen Informationen überhaupt verarbeiten zu können.
- Langsames Üben erlaubt mir den Zugriff auf die Genauigkeit rhythmischer Relationen.
- Langsames Üben hilft mir, die Dynamik genau zu beobachten.
- Langsames Üben erlaubt die differenzierte Wahrnehmung von Bewegungsempfindungen der „Bausteine", aus denen schnelle Abläufe zusammengesetzt sind.
- Langsames Üben verhindert das Einprägen falscher, ungenauer Abläufe, die ja auch ihre Gedächtnisspuren hinterlassen.
- Langsames Üben hat die psychologische Wirkung von Ruhe und Gelassenheit.
- Eine langsam geübte Stelle steht meist nach erstaunlich wenigen Übedurchgängen auch in schneller Form zur Verfügung.
- Eine in verschiedenen Tempi – also auch langsam – geübte („flexibilisierte") Stelle ist leichter umzuorganisieren, sollte sich dies aus äußeren Gründen als nötig erweisen (z.B. anderer Fingersatz, anderer Partner, andere Akustik).
- Vielleicht am wichtigsten: Eine langsam geübte Stelle ermöglicht eine musikalisch flexible Darstellung. Langsames Üben gewährleistet sozusagen die Verbindung zwischen rechter und linker Gehirnhälfte, erlaubt das Wiedereinschalten kognitiver Überlegungen und verhindert so die ausschließlich motorische, invariable Automatisierung.

Der Gelassene hat Zeit, verfügt souverän über sie. Der Aufgeregte muss sich beeilen, hat keine Zeit, ist arm an Zeit, jemand hat sie ihm weggenommen, gestohlen. Neben den rein musikalischen und technischen Signalen, die im Umgang mit der Zeit vom Spieler an den Hörer gesandt werden, wirken auf diesen auch noch eine Reihe unbewusster Signale der Körpersprache, der Mimik, des Verhaltens. Solche Signale wirken auch auf Hörer, die diese psychologischen Zusammenhänge gar nicht kennen.

Der Spieler hingegen sollte sich dieser „Zauberwirkungen" sehr wohl bewusst sein. Sie können den Unterschied zwischen Erfolg und Misserfolg ausmachen, je nachdem, ob sie bei ihm selbst und beim Hörer einen positiven oder einen negativen Rückkopplungsprozess in Gang setzen. Mein Vorsatz muss also heißen: „Ich nehme mir (mindestens) die Zeit, die ich brauche." Die angesetzten Extrapausen, die ich vielleicht zunächst als „Übertreibungen" empfinde, sind in Wirklichkeit Kompensationen, sind der Ausgleich zur zeitlichen „Schrumpfgefahr" meiner Spielmöglichkeiten auf dem Podium.

Ich muss also schon beim Üben Tempovarianten durchspielen. Wenn das Tempo nicht variabel erarbeitet wurde, bin ich dem – zu schnellen – Tempo auf dem Podium hilflos ausgeliefert. Das vom Spieler meist als nicht zu schnell wahrgenommene Tempo birgt die Gefahr von „Überstürzungen", Undeutlichkeiten, Trennschärfenverlust, ja Abbrüchen. Bei Schülervorspielen kann man den „Pirouetteneffekt" erleben, bei dem das Tempo eines Spielers immer schneller wird. Ab einem bestimmten Zeitpunkt weiß man, dass das nicht mehr lange gut gehen kann und es zu einem Abbruch kommen wird.

4. Raum beanspruchen

Man spricht davon, dass ein Mensch „den ganzen Raum ausfüllt". Der Souveräne beansprucht durch seine Körpersprache den Raum. In der Körpersprache eines Menschen findet sein Selbstbild, seine Vorstellung von sich selbst, ihren Ausdruck. Die „raumgreifende" Erscheinung des souveränen Menschen überträgt sich von selbst auf sein Umfeld, auf die Menschen um ihn herum: Sie billigen ihm diesen Raum zu!

Es ist also entscheidend, dieses Phänomen zu akzeptieren. Im Gegensatz hierzu kann man häufig Spieler beobachten, die ihre Körperbewegungen aus Schüchternheit zurücknehmen, so als wollten sie um keinen Preis irgendwo anstoßen, als „spielten sie im Kleiderschrank"! So kann es vorkommen, dass bei Wettbewerben oder Prüfungen ein Juror schon vor dem ersten gespielten Ton eine recht umfangreiche Information darüber bekommt, auf welcher künstlerischen Ebene sich der Auftritt abspielen wird. Eine solche „Vorinformation" kann sich dann unversehens zu einem veritablen Vorurteil mausern!

Die Vorstellung eines großen Raumes lässt sich gut üben: Ich spiele in einem Raum, den ich ganz für mich allein brauche, in dem nur ich mich bewege. Mein Körper, ungeachtet seiner tatsächlichen Ausdehnung, ist hoch und breit und nimmt den Raum in alle Richtungen ein. Die Vorstellung eines breiten Körpers wird unterstützt durch ein seitlich „breites" Flankenatmen. Erinnern wir uns: „Angst" kommt von „Enge", „Weite" ist zunächst ein Gegensatz zur rein räumlichen „Enge". Die Vorstellung von „Weite" kann aber auch – als Gegensatz zur „Enge" im Sinne von „Angst" – eine starke psychische Wirkung entfalten. Wieder fasse ich einen Vorsatz (im Sinne des autogenen Trainings): „Ich nehme mir (mindestens!) den Raum, der mir zusteht!"

Auch der klingende Konzertraum ist in meinem Bewusstsein: Ich spüre meinen Klang bis in die äußersten Winkel des Raums, ich genieße sein Echo (auch wenn es schwach ist!). Ich spüre, wie die Schallwellen von meinem Instrument in den Saal hinein und wieder zurück auf mein Instrument wirken, auf die Wand hinter mir. Ich spüre, wie die Schallwellen auf meine Haut wirken. Die Vorstellung „Raum" hat sogar noch eine darüber hinausgehende Wirkung: Sie wirkt assoziativ auf den „Klangraum" in meinem Kopf.

Dem „Schrumpfen" meines Bewegungsambitus auf dem Podium kann ich bewusst gegensteuern, indem ich mich mehr und üppiger bewege, als ich dies normalerweise zu tun pflege:

- Hierbei hilft die Vorstellung, den Raum wirklich dreidimensional nach allen Seiten zu erleben: nach vorne und hinten, nach rechts und links, nach oben und unten.
- Die Wirbelsäule kann nach rechts und links, nach vorne und hinten schwanken, sich ducken und strecken, sich verwinden.
- Das Becken rollt vorwärts und rückwärts.
- Das Gewicht meines Körpers ruht abwechselnd auf dem linken und dem rechten Sitzknochen bzw. auf dem linken und rechten Bein.

Bewegungen solcher Art brauchen nicht groß zu sein, um diesen autosuggestiven „Raumeffekt" zu erzeugen. Es gibt auch auf dem Podium, z.B. in Pausen oder bei langen Tönen, genügend Gelegenheit, Raumgefühl und Bewegungsspielraum kurz ins Bewusstsein zu rücken. Und schließlich: Diese Vorstellungen sind selbstverständlich auch der mentalen Vorbereitung des Auftritts zugänglich.

Fazit

- Der Souveräne hat Zeit und stürzt sich nicht nervös auf das nächste Ereignis.
- Zeit kann man nicht überspringen. Geduld ist kreativer Umgang mit der Zeit.
- Langsames Üben verhindert motorische Automatisierung.
- Lampenfieber verkürzt das „Zeitfenster". Deshalb absichtlich noch mehr Zeit lassen als sonst!
- Pausen sind Gestaltungselemente, keine „Löcher". Auch der Hörer braucht Pausen zum „Atmen".
- Wer etwas Wichtiges zu sagen hat, beansprucht den nötigen Raum und füllt ihn aus.

VIII. Programmgestaltung

Zur längerfristigen Konzertvorbereitung gehört, wenn eine Wahl besteht, auch die Programmzusammenstellung und hier sollte man – auch mit Blick auf das Lampenfieber – geschickt vorgehen. Fast jeder Instrumentalist hat irgendeinen „weißen Fleck", einen schwachen Punkt in seinem technischen oder musikalischen Profil und gewiss ist die Versuchung, ja die Herausforderung oft groß, sich („trotzdem") zu beweisen; vielleicht hat man auch schon ein paar Mal damit Erfolg gehabt. Für einen öffentlichen Auftritt, vor allem aber auch für jede Art von Prüfung oder Wettbewerb, sollte man jedoch nicht ausgerechnet Werke spielen, die nicht zu den eigenen Stärken gehören. Auch weltberühmte Virtuosen haben eingeräumt, dass sie ein bestimmtes Werk lieber nicht öffentlich spielen, weil ein Kollege es möglicherweise besser spielt.

Damit soll keinesfalls gesagt werden, dass man sich nicht durch die Annahme großer Herausforderungen weiterentwickeln sollte. Derartiges sollte aber erarbeitet und nicht in einer Art Lotterie auf dem Podium ausprobiert werden. Die Haltung „vielleicht geht es ja doch" eignet sich nicht zur Bekämpfung des Lampenfiebers.

Die Reihenfolge eines Programms ist ebenfalls eine gründliche Überlegung wert. Im Allgemeinen braucht der Spieler eine Weile, um die ersten Momente der Ausnahmesituation, die ein Konzert darstellt, zu meistern. Es ist deshalb nicht klug, mit schwierigen Werken (oder Werken mit Anfangsschwierigkeiten!) zu beginnen. Auch der Hörer braucht das „Einhören", quasi als Pendant zum „Einspielen". Auch er benötigt Zeit, um sich an den Klang meines Instruments, an meine Spielweise, an meine Erscheinung zu gewöhnen. Ich stelle mich ihm ja auch als Körper vor, den er betrachtet, den er sich bewegen sieht, den er zunächst irgendwo einordnen muss.

Bei der Programmgestaltung ist es wichtig, dass genügend Kontraste vorkommen. Sie muss einerseits dem Spieler Gelegenheit geben, seine „Visitenkarte" abzugeben, andererseits aber auch dem Wunsch des Hörers nach Abwechslung Rechnung tragen. Wenn zu wenig Gegensätze im Programm enthalten sind, die Ähnlichkeit der Werke zu groß ist, entsteht beim Hörer ein Gefühl der Müdigkeit, da seine Aufmerksamkeit zu wenig „neues Futter" bekommt („… kenn ich schon"). Das ist keine böse Absicht, sondern wurzelt in der phylogenetisch bedingten Tatsache, dass Aufmerksamkeit nur durch Bewegung und Änderung erzeugt wird. Ein Vergleich: Der Adler sieht die Maus nur, wenn sie sich bewegt. Dies gilt auch innerhalb jeder interpretierten Musik und hier innerhalb jedes einzelnen Parameters wie Lautstärke, Farbe, Ansatz, Tempo etc.

Man sollte sich auch die kontrastierenden Stellen, also den Schluss des einen und den Anfang des nächsten Stücks, klar vergegenwärtigen, um festzustellen, ob die Folge geeignet ist, den Hörer zu voller Wachheit zu animieren, vielleicht sogar, um eine bestimmte Interpretationsidee im Dienste dieses Kontrastes zu verwirklichen; dies bedarf einer bewussten Regie. Kein Musiker kann es sich leisten, auf dem Podium einen Teil seiner künstlerischen Wirkung zu verschenken!

Eine gute Programmgestaltung unterstützt das Sicherheitsgefühl und stellt einen Teil des künstlerischen Erfolges dar.

Fazit

- Bei der Programmgestaltung die „Schwierigkeitskurve" bzw. meine persönliche „Lampenfieberkurve" berücksichtigen.
- Auf größtmögliche Kontrastwirkung für die Aufmerksamkeit des Publikums achten.

Teil C: Vor dem Konzert

I. Der Tag des Auftritts

1. Ausgeschlafen?

Für die Bewältigung des Lampenfiebers ist der physische Zustand eine wesentliche Grundvoraussetzung. Ganz wichtig ist Schlaf. Erhöhte Gehirntätigkeit, wie ich sie ja bei einem Konzert einzusetzen vorhabe, erfordert ein erhöhtes Quantum an Schlaf. Der Neurologe Wolf Singer weist nachdrücklich darauf hin, dass geistige Arbeit viel Schlaf braucht.

Es ist bekannt, dass Gedächtnisinhalte sich in hohem Maße während des Schlafs einprägen und stabilisieren. Das eigentliche Lernen, das Speichern im Langzeitgedächtnis, vollzieht sich also überwiegend im Schlaf. Schlaf am Nachmittag eines Konzerts, selbst ein Dösen ohne Tiefschlaf, ist geeignet, die Gedanken zu beruhigen, um sie dann fokussieren zu können. Die Kunst der Konzentration ist eigentlich die Kunst, die Aufmerksamkeit „leer zu machen", sich wegzukonzentrieren von den dauernden sinnlosen Bombardements aller möglichen unerwünschten und störenden Gedanken.

Die Konsolidierung des Gelernten, dies wurde schon erwähnt, vollzieht sich in einer dem Bewusstsein unzugänglichen „Black Box", also eigentlich in einer Region der „Bewusstlosigkeit" – und eben besonders im Schlaf. Diese Region, die „Gedankenleere" ist es, die ich, im sicheren Besitz erfolgreich abgeschlossener Lernprozesse, vor einem Konzert aufsuchen muss.

2. Kleidung

Ein deutscher Musikwissenschaftler wollte in Indien Volksmusik sammeln und bat einige Bauern in einem Dorf, ihm doch einen Ernte-Raga vorzuspielen und vorzusingen, den er auf Tonband aufnehmen wollte. Die verdutzte Reaktion der Bauern: „Aber es ist doch gar keine Erntezeit!" Nach langem Hin und Her spielten die Bauern den Raga, aber erst nachdem sie ihre entsprechende Erntekleidung angezogen hatten!

Kleidung hat verschiedene Funktionen im Zusammenhang mit einem Konzertauftritt und Lampenfieber. Sie sollte in jedem Fall gut aussehen. Sie sagt dem Hörer, der ja auch Zuschauer ist, etwas darüber aus, wie ich als Künstler meinen Auftritt einschätze. Ist man bei einem Vorspiel in Straßen- oder Freizeitkleidung deutlich „underdressed", signalisiert man dem Hörer, dass man den Auftritt als ein Alltagsereignis einschätzt; der Hörer schließt daraus, dass auch er dem Ereignis keine besondere Wichtigkeit beizumessen braucht. Entscheidend in diesem Zusammenhang ist übrigens nicht, was der Auftretende in seine Kleidung hineingeheimnisst, sondern was der Hörer bzw. der Zuschauer als Empfänger dieser Nachricht herausliest. Hier, wie bei jeder Kommunikation, liegt ihr Wert, ihr Gelingen beim Empfänger und deshalb gibt es beachtlichen Spielraum für Missverständnisse!

Die Kleidung muss natürlich für den jeweiligen Anlass praktisch und bequem sein. Außerdem macht es Sinn, eine Konzertkleidung auch wirklich nur für Konzerte zu verwenden, um sie sozusagen in das Ritual einzubinden. Sie unterstreicht die ritualisierte Rolle des Künstlers.

Es ist wichtig und beruhigend zu wissen, dass die Kleidung auch größere körperliche Strapazen einen Abend lang aushalten wird. Es reicht keineswegs, sich einen Moment lang vor dem Spiegel ganz wohl zu fühlen – in einer Kleidung, deren Stabilität für eine gesittete Party durchaus genügen würde. Man muss sie ausprobieren! Ein rutschender Träger, ein malerisch locker sitzender Schal etc. kann eine ungeheure Faszination auf den Zuschauer ausüben, der – halbbewusst – mit sich Wetten abschließt, an welcher Stelle der Beethoven-Sonate jener wieder rutschen wird. Auf jeden Fall muss ein Hemd, eine Bluse aus einem atmenden Stoff sein: Vor die Tugend haben die Götter den Schweiß gesetzt!

Selbst solche Kleinigkeiten wie ein am Instrument hörbar aufschlagender Manschettenknopf dürfen nicht vorkommen. Ein einziges „Ereignis" dieser Art kann bei Künstler wie Publikum zu einer Konzentrationsstörung führen, denn von da an wird die Aufmerksamkeit von Spieler und Hörer auf dieses Geräusch gerichtet („Wann klappert es wieder?").

3. Arbeitswiderstand

Bei der Wahl der Kleidung kommt noch ein Faktor hinzu. Um ganz sicher agieren zu können, brauche ich einen deutlichen Arbeitswiderstand, das heißt: Wenn (bei einer sitzenden Spielweise) die Hose oder die Schuhsohlen zu glatt sind, muss ich zur Aufrechterhaltung meines Körpergleichgewichts in Rumpf und Beinen zusätzliche Muskelenergie aufbringen – an Körperpartien, die beim häuslichen Üben entweder gar nicht oder ganz anders aktiviert wurden. Das Fatale dabei ist, dass man diese „Haltungsfalle" kaum sofort spürt, sondern erst nach einiger Zeit ein unbestimmtes Spannungsgefühl im ganzen Körper erlebt, ohne recht zu wissen, woher es kommt. Auf der Bühne brauche ich den größtmöglichen Bewegungsspielraum; er sollte eher noch größer sein als zu Hause. Eine Einschränkung kann ich mir nicht leisten.

Konzertschuhe sollten eine weiche Gummisohle haben, um auf dem Boden Halt zu finden (ausprobieren), denn Konzertsäle haben oft ein spiegelglattes Parkett, das z. B. Cellisten eine üble Überraschung bereiten kann.

Auch ungeeignete Stühle, wie man sie häufig angeboten bekommt, können ein Problem sein. Die Sitzfläche darf auf keinen Fall nach hinten abfallen. Eine unphysiologische Hohlkreuzhaltung ist sonst die unvermeidliche Folge; sie kann sich negativ auf das ganze Konzert auswirken. Wenn man nicht mit eigenem Stuhl reisen will oder kann, lohnt es sich, für die hinteren Stuhlbeine kleine Holzkästchen mitzunehmen, mit deren Hilfe man eine Schräglage gegebenenfalls ausgleichen kann. Auch glatte Stühle sind sehr häufig das einzige Angebot in einem Konzertsaal. Hier empfiehlt es sich, eine Stuhlauflage mitzubringen.

Wenn man als Cellist, ohne diese Äußerlichkeiten vorher geprüft zu haben, konfrontiert wird mit glattem Boden, glatten Stuhlnägeln (der Hausmeister, der die Stühle aufstellen muss, liebt sie, denn sie rutschen ja so schön!), einem nach hinten abfallenden Stuhl, glatten Schuhsohlen und einem glatten Hosenstoff auf glatter Sitzfläche des Stuhls etc. kann man alle Hoffnung fahren lassen, seine „Normalform" bei diesem Auftritt zu erreichen.

Einen Arbeitswiderstand brauche ich auch meinem Instrument gegenüber. Manche Unsicherheit, manche verrutschten Lagenwechsel entstehen nur durch einen fehlenden Arbeitswiderstand: Die Finger können sowohl wegen zu starker Feuchtigkeit als auch zu großer Trockenheit z. B. auf einem Griffbrett so wegrutschen, dass Lagenwechsel und Vibrato beeinträchtigt werden. Gegen klimatisch bedingte Feuchtigkeit ist kein richtiges Kraut gewachsen außer eben diesem, Tastatur oder Griffbrett abzuwischen. Bei zu großer Trockenheit der Finger lohnt es sich, die Hände einzucremen, und zwar recht frühzeitig und ausreichend. Als besonders stabilisierend in dieser Hinsicht hat sich übrigens Hirschtalg erwiesen.

4. Akustik, Beleuchtung – und mehr

„Der Souveräne hat Zeit." Um vor einem Konzert viel Zeit zu haben, sollte man schon sehr früh am „Ort des Geschehen" eintreffen. Es ist nicht der schlechteste Zustand, wenn ich gezwungen bin, mich vor einem Konzert ein bisschen zu langweilen. Eine solche schöpferische Untätigkeit mobilisiert später die Reserven umso mehr!

Besonders wichtig ist es, sich vor dem Auftritt mit dem Raum vertraut zu machen, sich seine Atmosphäre akustisch und visuell „anzueignen". Ein Saal hat immer einen gewissen „genius loci", dessen sinnliche Verarbeitung vor dem Konzert abgeschlossen sein sollte, um sich beim Konzert nicht noch zusätzlich zu all den von innen kommenden Eindrücken und Aufmerksamkeiten mit neuen Sinneseindrücken zu belasten.

Selbst wenn ein voll besetzter Saal anders klingt als ein leerer, so kann ich mir doch einen ungefähren Eindruck von den akustischen Verhältnissen verschaffen. Eine Kirche mit einem starken Nachhall sollte mich z.B. dazu veranlassen, manche Tempi etwas langsamer zu nehmen, damit auch schnelle Passagen verständlich bleiben. Einen mir wohl gesonnenen Menschen zur ungefähren Beurteilung des Klangs von verschiedenen Plätzen aus dabeizuhaben, trägt viel zur Beruhigung vor einem Konzert bei. Leider gibt es nicht immer die Gelegenheit hierzu.

Bei Kammermusik muss im Interesse der Balance die Frage geklärt werden, ob z.B. der Flügeldeckel ganz oder halb oder gar nicht (weniger empfehlenswert) geöffnet sein sollte. Ebenso sollte auch die genaue Aufstellung feststehen. Es irritiert Künstler wie Publikum, wenn zu Beginn eines Konzerts erst einmal das große Stühlerücken beginnt. Der Hörer (und Zuschauer) braucht Zeit, sich von solchen Äußerlichkeiten weg wieder der Sache zuzuwenden. Dies kann den so wichtigen Konzertanfang geradezu zerstören!

Die Beleuchtung spielt ebenfalls eine Rolle für Wohlbefinden und Leistung auf dem Podium, sowohl beim Notenlesen als auch beim Auswendigspiel. Grelle, blendende Scheinwerfer, die starke Sinnesreize erzeugen und damit gleichzeitig zwanghaft den „Vermeidungsreiz" hervorrufen, sich davon gerade nicht stören zu lassen, sind ungünstig. Man sollte in diesem Zusammenhang grundsätzlich keine „zweitbesten" Lösungen akzeptieren. Natürlich kann man auch ein Konzert spielen, wenn der Scheinwerfer blendet und der Stuhl nicht ideal ist. Aber irgendwann fühlt man sich doch gestört und ärgert sich im Nachhinein, nicht genügend klare Anweisungen gegeben zu haben, nur weil vielleicht irgendjemand meinte, es sähe so besser aus.

Die Infrastruktur des Konzertgebäudes muss bekannt sein – von der jeweiligen Künstlergarderobe über den Auftrittsweg bis zur Toilette. Auch lenkt es den Künstler ab und belustigt das Publikum, wenn erst der ganze Bühnenvorhang wellenförmig bewegt werden muss, bevor sich eine Lücke auftut. Vorhang, Treppen, Treppengeländer, Podium, evtl. auch der Stuhl im Künstlerzimmer sind der Beachtung wert. Dies alles sollte kontrolliert werden.

Alle spezifischen Vorbereitungen, die das Instrument betreffen, sollten je nach Notwendigkeit frühzeitig, also nicht erst kurz vor dem Aufbruch zum Konzert, getroffen werden: Dazu gehören beispielsweise:
- Ersatzsaiten, Kolophonium, Stachelaufsatz bzw. rutschfestes Brettchen bereitlegen (bei Streichern bzw. Cellisten),
- Stimmschlüssel mitnehmen (Harfenisten),
- Notenpult einpacken,
- Noten entsprechend der Reihenfolge im Konzert sortieren,
- gegebenenfalls Kopien zum Umblättern zusammenkleben etc.

Ich möchte einen Zustand erreichen, der mir eine ruhige Konzentration auf das Konzert erlaubt. Konzentrieren kann ich mich dann am besten, wenn nicht dauernd sekundäre organisatorische Gedanken meine Aufmerksamkeit erheischen.

5. Essen

Es ist wichtig, sich rechtzeitig um das Essen vor dem Konzert zu kümmern. Erfahrungsgemäß ist es eine Quelle von Unruhe und Unzufriedenheit, wenn sich herausstellt, dass „meine Standardnahrung" im Hotel nicht zu bekommen ist, wenn ich mir – im schlimmsten Fall – überhaupt nichts einverleiben kann oder etwas, das ich gar nicht will. Am besten nimmt man sich seine Lebensmittel, die man vor dem Konzert essen möchte, für alle Fälle mit und integriert das Essen so in das „Vorbereitungsritual"! Diese kleine Mahlzeit sollte natürlich früh vor dem Auftritt eingenommen werden. Direkt vor dem Auftritt, also etwa anderthalb Stunden davor, sollte man nicht essen, denn das Blut soll dem Kopf und nicht dem Magen Sauerstoff zuführen.

Was man essen soll, kann hier nicht als verbindliche Empfehlung beschrieben werden, weil ganz unterschiedliche Vorlieben existieren. Das Essen darf nicht zu schwer und nicht zu üppig sein und durchaus im Sinne eines rituellen Mahls, als positive Energiezufuhr bewusst und langsam genossen werden. Es gibt eine ausgeklügelte „makrobiotische" Essensphilosophie, die sich auf fernöstliche Ideen stützt und Speisen des „Yin" und des „Yang" ganz genau mischt. Wer diese Ideen seinem Ritual einfügen möchte, hat sicher einen Gewinn davon. Nach makrobiotischer Empfehlung sind Fisch und Vollkornbrot besonders geeignet. Andere, pragmatischere Gemüter begnügen sich mit einer Scheibe Brot, etwas Obst oder einem Sandwich. Zucker ist im Prinzip nicht anzuraten, Traubenzucker scheint allerdings für viele eine stärkende und beruhigende Wirkung zu haben. Alkohol und Kaffee kommen für die meisten vor einem Auftritt nicht infrage, aber auch hier gibt es Ausnahmen. Bei Tee scheiden sich die Geister, wobei kurz aufgebrühter Tee anregt und Tee, der lange gezogen hat, beruhigt.

Bei einer Einladung zum Essen vor einem Konzert hilft nur unhöflicher Egoismus: Essen nur hinterher! Auch bei vielleicht nicht sonderlich „wichtig" erscheinenden Anlässen gilt: Man ärgert sich, vor allem über sich selbst, wenn eine „Mugge" wegen vorherigen üppigen Zuspruchs zum kalten Buffet nicht gut gelungen ist, selbst wenn man es nur selbst merkt und alle anderen ganz zufrieden waren! Es bleibt ein schaler Geschmack im Mund und eine unbefriedigende Erinnerung...

6. Mitmenschen

Der mitmenschliche Aspekt spielt beim Lampenfieber eine große und wichtige Rolle. Ein Lehrer, der vor einer Prüfung gegenüber seinem Studenten Zweifel am Erfolg äußert („der Golfball darf keinesfalls ins Wasser fallen"), redet den Misserfolg geradezu herbei; er braucht sich nicht darüber zu wundern, dass der Student Angst hat. Wir sind vor einer Prüfung, vor einem Konzert in einem besonders empfindlichen Zustand für Einflüsse und Kritik von außen. Ein gutes Wort kann soviel Beruhigendes bewirken, wie ein schlechtes Wort (zer)stören kann.

Der Autor erinnert sich an ein Konzert in London: Ein Bagpipe spielender Hausmeister, der jeden Tag Lampenfieber geplagte Musiker zu betreuen hatte, machte nach unserer Probe eine aufmunternde Bemerkung, die in das Ritual vor dem Konzert nahtlos passte und uns den Duoabend besonders mutig beginnen ließ! Der Mann war bestimmt kein großer Fachmann für unsere Musik, aber offensichtlich ein Fachmann auf dem Gebiet des Lampenfiebers und der Kommunikation! (Seine Liebe zum Dudelsack ließ unser Konzert zudem in einem ganz neuen, freundlich-distanzierten Licht erscheinen: Warum eigentlich nicht Dudelsack? Der Dudelsack gehört genauso zur europäischen Kultur wie das Cello!)

Es gibt nur wenige Menschen, die man direkt vor einem Konzert um sich haben möchte. Nicht alle „guten, alten Freunde" haben ein Gefühl für den Zustand eines Künstlers vor einem Konzert. Manchmal breitet ein alter Bekannter direkt vor dem Auftritt die Biographie seiner letzten zehn Jahre aus oder versucht den Künstler in ein Fachgespräch über Interpretation zu verwickeln, nicht ohne alle möglichen berühmten Kollegen zu erwähnen. Er freut sich ungeheuer über das Wiedersehen, für das er den Zeitpunkt fünf Minuten vor dem Konzert ausgewählt hat. Hier hilft nur ein rascher Hinauswurf auf der Basis eines krassen Egoismus, der an die Grenze der Unhöflichkeit gehen kann: „Wir sprechen uns nach dem Konzert ausführlich." Ob es dann dazu kommt, wird sich ja zeigen...

Zum Thema Mitmenschen gehört auch die Frage nach Partnern auf dem Podium. So mancher hat sich schon durch die Wahl des falschen Partners seinen eigenen Erfolg zerstört. Wenn menschliche und künstlerische Harmonie nicht vorhanden sind, ist es ratsam, zum frühestmöglichen Zeitpunkt Konsequenzen zu ziehen. Je länger man mit gutem Willen versucht, eine unbefriedigende musikalische Partnerschaft aufrechtzuerhalten, desto schwieriger wird der dann doch fällige Bruch und desto größer ist der menschliche und künstlerische Schaden. Mancher stirbt lieber, als dass er seinen unfähigen Hausarzt aufgrund von Trennung vor den Kopf stößt...

7. Einspielen

Ganz wichtig ist ein kluges Einspielen vor dem Konzert. Die Muskulatur muss aufgewärmt werden. Man sollte dabei auch einmal an die Kraftgrenze gehen, also sehr laut spielen, um den klanglichen Ambitus erlebt zu haben, aber auch um die physische Leistungsgrenze zu berühren und die Grenze bewegungstechnischer Möglichkeiten noch einmal durchzuspüren.

Dies gilt auch für das Tempo: Es gehört einige Disziplin dazu, die „schweren Stellen" nicht herunterzurasseln, sondern sich, im Interesse des „Zustands", auf langsame Körperbewegungen zu konzentrieren.

Der legendäre russische Klavierpädagoge Heinrich Neuhaus forderte vom Instrumentalisten, dass er sehr schnell, sehr lange und sehr laut spielen können müsse. Diese Vorstellung ist für viele Musiker provozierend, denn Musik hat ja nichts mit Bodybuilding zu tun – meint man. Die körperliche Fähigkeit, über lange Strecken kraftvoll spielen zu können, schafft jedoch eine beruhigende Energiereserve, die sich letzten Endes auch im Zusammenhang mit Lampenfieber bezahlt macht. Natürlich soll man nicht unmittelbar vor dem Konzert seine Kräfte erschöpfen. Die Reservekraft muss man sich schon vorher erworben haben!

Der Einspielvorgang dauert im Allgemeinen ungefähr 20 bis 30 Minuten. Diese Zeitspanne wird auch beim Warmup im Sport immer wieder genannt, aber natürlich gibt es hier individuelle Unterschiede. In uneingespieltem Zustand bleibt es nicht aus, dass schnelle Bewegungen, vor allem Repetitionsbewegungen, zu Verspannungen führen, weil die Muskeln langsamer kontrahieren und – noch wichtiger – sich langsamer entspannen. Dadurch entsteht das Gefühl von „Verkrampfung", weil die Spannung sich von einer Einzelbewegung zur nächsten quasi „aufschaukelt". Durch die Suggestion von „Lockerheit" ist dieser physiologische Sachverhalt keineswegs aus der Welt zu schaffen – auch hier ist Vertrauen und Geduld nötig.

Es gibt körperliche Grenzen künstlerischer Leistungen. Wer von sich verlangt in uneingespieltem Zustand extrem schnelle, kraftvolle Bewegungen ausführen zu können, wird scheitern, und zwar nicht aus Unfähigkeit, sondern weil die Muskulatur einfach noch nicht aufgewärmt ist. Kein Sportler würde so unvernünftig sein, ohne Aufwärmen an Höchstleistungsgrenzen heranzugehen.

8. Keine kurzfristigen Änderungen

Bei kurzfristigen Änderungen eines Textes vor einem Konzert – das können auch durchaus sinnvolle Verbesserungen sein – kann ein Konflikt zwischen verschiedenen Lernstufen entstehen: Unter Lampenfieberdruck steht meist nur das „Vorletzte" sicher zur Verfügung. Kurzfristige Fingersatz- oder Haltungsänderungen, auch wenn sie gut begründet sind, sollte man daher sparsam vornehmen und besonders intensiv durch Verknüpfung und Verankerung abspeichern, um Überraschungen und Enttäuschungen auszuschließen („ach, hier wollte ich doch mit einem Aufstrich beginnen"). Das Gedächtnis greift bei Lampenfieber auf die fester verankerten Schemata zurück. Die „Endfassung" einer künstlerischen Interpretation darf also nicht erst kurz vor dem Konzert entstehen.

Ich muss zwar beim Studium eines Stücks Varianten des Ausdrucks erarbeiten, um musikalisch spontan agieren zu können, ich darf aber auf dem Podium nicht noch zwischen zwei unterschiedlichen technischen Einrichtungsoptionen wählen müssen, denn das erfordert Zeit, und der Zeithorizont (die Spanne des „Jetzt") schrumpft, wie schon gesagt, unter Lampenfieber eher zusammen. Ich habe also in der Podiumssituation noch weniger Entscheidungszeit als beim Üben „im stillen Kämmerlein". Unklarheiten in Bezug auf das Material, also den technisch-materiellen Ablauf, können daher zu einem Entscheidungskonflikt führen, der einen – unnötigen – Gedächtnisfehler auslösen kann.

Sogar bei Werken, die man bereits häufig gespielt hat, ist das oben genannte Phänomen zu beobachten. Von den verschiedenen technischen Einrichtungsversionen stehen oft nur die älteren, unverbesserten, automatisch zur Verfügung. Ein früher oft gespieltes Werk sollte man deshalb noch einmal genau daraufhin durchgehen, wo solche „Versionskonflikte" entstehen könnten. Ein erfahrener Spieler hat natürlich in dieser Hinsicht einen weiteren Entscheidungsspielraum als ein weniger erfahrener, da er über eine größere Auswahl an musikalischen und motorischen Schemata verfügt.

Wichtig ist also eine frühzeitige zeitliche Disposition der Vorbereitungsarbeit. Ein Gedächtnisinhalt sitzt viel fester, wenn er „wieder aufgewärmt" wurde, wenn die Gedächtnisinhalte, die etwas verblasst waren, nach einem Abstand von vielleicht ein paar Wochen wieder scharf nachgezeichnet werden. Wiedererkennen ist etwas Angenehmes, Lustbetontes. Der Volksmund weiß es: „Wiedersehen macht Freude!" Der Akt des Wiedererkennens ist stark emotionsgeladen und fixiert einen Gedächtnisinhalt deshalb noch viel fester.

9. Selbsteinschätzung

Es ist ein gutes Gefühl, mit der Selbsteinschätzung auf die Bühne zu gehen „Ich spiele so gut, wie ich es jetzt überhaupt kann; ich habe alles mir Mögliche getan, um das Konzert zu einem Erfolg werden zu lassen. Mehr brauche ich nicht von mir zu verlangen." Von da an kann ich kleine Fehler oder kleine Unsauberkeiten einfach ignorieren und sie dem „Menschlich-Allzumenschlichen" zuordnen, den Unwägbarkeiten, die sich auch der gewissenhaftesten Vorbereitung und damit auch einer etwaigen Eigenschuld-Zuweisung entziehen.

Alles, was vor einem Konzert zu einer Objektivierung der Situation beiträgt, trägt auch zur Bewältigung des Lampenfiebers bei. Objektivierung heißt: weg von der Angst, weg vom Gefühl der Isolation, weg von ängstlichen Unterstellungen, was die Meinung anderer Leute anbelangt. Hierzu gehört auch die vertrauensvolle, freundlich-nüchterne Feststellung eines Lehrers, eines Freundes: „Was du machst ist gut, ist gut an sich, ungeachtet irgendeiner realen oder imaginierten Konkurrenzsituation." Als „mein eigener Freund" kann ich auch den Vorsatz selbst formulieren: „Du brauchst nicht besser zu spielen, als du es kannst; niemand kann das von dir verlangen, auch du selbst nicht!" Man kann nicht mehr geben, als man hat. Wenn man aber genau weiß, was man hat, kann man alles geben. Die „nüchterne", realistische Einschätzung des eigenen Könnens ist eine gute Therapie gegen Lampenfieber.

Ein solches „self-assessment", wie es an amerikanischen Instituten gelehrt wird, lässt sich im Vorfeld recht leicht durchführen. Man braucht nur das vorzutragende Werk (in gut eingespieltem Zustand!) ohne jede Korrektur einmal ganz durchzuspielen, am besten mit einer Audio- oder Videoaufnahme; nun kennt man den jetzigen Zustand („Ist-Zustand") ziemlich genau. Man weiß auf diese Weise auch mehr über die noch zu reparierenden Stellen, als wenn man beim Durchspielen immer sogleich korrigiert. Sofortiges Verbessern erzeugt ein illusionäres Bild der Beherrschung eines Werks, denn beim zehnten Versuch gelingt schließlich jede schwere Stelle besser. Die Wahrheit wird verdrängt, hinterlässt in Wirklichkeit aber „tief drinnen" ein schlechtes Gewissen, das sich letzten Endes als Gefühl der Unsicherheit und als Verstärkung des Lampenfiebers niederschlägt.

Bei einer solchen Selbstinformation zeigt sich nicht das, was ich potentiell kann („zu Hause lief es noch so gut"!), sondern was ich wirklich auf der Bühne zur Verfügung habe. Allein schon die Sicherheit einer solchen Selbsteinschätzung vermindert Ängste. Ich mache mir nichts vor, weil ich ziemlich genau weiß, was ich kann – und was nicht. Auch aus der Sportpsychologie ist bekannt, dass eine nüchterne, realistische Selbsteinschätzung, die meine Leistungsfähigkeit weder unter- noch überschätzt, die optimale Voraussetzung für Höchstleistungen bietet.

Ein aufmunterndes Selbstgespräch könnte also so lauten: „Freu dich über das, was du kannst! Erinnere dich an besonders gut gelungene Momente, an besonders anrührende Stimmungen innerhalb deiner Musik, aber auch an Erfolge ganz allgemein!" Man kann in einer sehr groben Vereinfachung zwei Typen von Selbstbewusstsein beschreiben: Der eine freut sich über das, was er kann, der andere ärgert sich über das, was er nicht kann. Oder: Beim einen ist das Glas „halb voll", beim anderen „halb leer". Man spricht auch von „erfolgsorientierten" im Gegensatz zu „misserfolgsorientierten" Menschen. (Es gibt sogar so etwas wie „Angst vor Erfolg", eine hochneurotische Haltung, die sagt: „Siehst du, ich habe schon vorher gewusst, dass es daneben gehen wird, und ich habe Recht gehabt." – Ein fragwürdiger „Stolz", auf diese Weise Recht behalten zu haben!)

10. Keine negativen Selbstanweisungen

Von verschiedenen Sportarten wissen wir, dass eine noch so positiv gemeinte, aber negativ formulierte Selbstanweisung Leistungen vermindern kann. So darf z.B. ein Golfspieler niemals den Vorsatz ergreifen, den Ball „nicht ins Wasser zu schlagen": Der Ball landet sonst unweigerlich im Wasser! Allein die Verwendung des Begriffs „ins Wasser" zieht die unerwünschte Handlung automatisch nach sich. Dieser psychologische Mechanismus wirkt im Übrigen auch im Unterricht: Vermeidungsanweisungen sollte man deshalb strikt – vermeiden!

In diesem Zusammenhang geht es um die im Leben oft so geheimnisvoll wirkende Überlegenheit der Vorstellung über den Willen. Man braucht zwar beide, aber der Wille steht fest im Bewusstsein, kontrolliert aktives Handeln, während die Vorstellung ein Tor zu einem riesigen Fundus von unbewussten Ressourcen und Prozessen in uns öffnen kann.

Für die Vermeidung von Lampenfieber hat dies folgende Bedeutung: Das „Als ob", die vorstellungsgesteuerte Wirklichkeit („ich tue so, als hätte ich kein Lampenfieber"), erweist sich als stärker gegenüber der willensgesteuerten Wirklichkeit („ich will kein Lampenfieber haben"). Was ist also hier die „wirklichere" Wirklichkeit?

Weitere Beispiele: Der Vorsatz „nicht zu hoch" in einer gegebenen Intonationssituation ist viel ungenauer und weniger wirksam als der Vorsatz, den Ton „ziemlich tief" anzusetzen. Der Vorsatz „nicht zu schnell" bringt keine Ruhe, sondern – zusätzlich zum schnellen Tempo – Nervosität. Wirkungsvoll aber ist der Vorsatz: „Du hast viel Zeit." „Du darfst nicht zu früh kommen" bringt keine Änderung des rhythmischen Verhaltens, wohl aber z. B.: „Warte, bis der Fallschirm auf der Erde ist." Gerade im Tempo- und Rhythmusbereich ist diese eigenartige Verknüpfung immer wieder festzustellen.

11. Das Ritual

11.1 Das Ritual und seine Regeln

Ein Ritual ist wie eine selbst auferlegte Spielregel: Regelspiele haben eine ungeheure Faszination. Man stelle sich Fußball ohne Regeln vor – undenkbar und ziemlich langweilig. Es scheint eine Quelle der Freude zu sein, sich innerhalb von Regeln zu bewegen. Darüber hinaus bringen Regeln ein Gefühl von sozialer Sicherheit. Schon Kinder halten sich bei den verschiedensten Bewegungsspielen strikt an vereinbarte Regeln. Sie spielen Regelspiele, bei denen die Regel wichtiger ist als der Sieg. Es scheint im Wesen des Spiels zu liegen, dass Regeln erstellt und befolgt werden. Religiöse Regeln, so extrem unterschiedlich sie auch sein mögen, haben selbst für Menschen, die einer Religion fern stehen, etwas Verbindliches.

(Ein Beispiel: Ein Mann nimmt in einer Kirche den Hut ab, auch wenn er Agnostiker ist.)

Auch die musikalische Interpretation des Künstlers befolgt Regeln: ästhetische, motorische, soziale. Wie käme ein Kammermusikensemble ohne Verhaltensregeln zusammen? Angefangen von der Pünktlichkeit bei der Probe über das Einhalten von musikalischen Verabredungen bis hin zur „Einordnung" in eine Partitur, ja bis zum gemeinsamen Einatmen vor einem Einsatz! Auch zwischen Künstler und Publikum existieren solche Regeln. Das beginnt beim Verbeugen und endet noch nicht beim Applaus.

Es ist hilfreich, sich diese Zusammenhänge vor Augen zu führen, sozusagen in der Rolle des „dritten Storches" in unserem Storchenwitz (s. S. 60), der solche Verhaltensmuster (z. B. Regelbefolgung) von außen beobachtet. Ich befolge einerseits von außen auferlegte Regeln, aber ebenso kann ich mich an von mir selbst erstellte Regeln halten, wie sie ein Ritual vor einem Konzert darstellt, um den darin liegenden Sicherheitsgewinn für mich zu nutzen.

Wenn ich den Tag meines Auftritts schon als Kunstwerk erlebe, verläuft er in einer anderen Form, als wenn ich ihn alltäglich gestalte. Die persönliche Stilisierung der „Kunst der Vorbereitung" kann man auch als Ritualisierung bezeichnen. Das „Kunstwerk" meiner Vorbereitung kann auch schon Eigenschaften haben, die ich mir für das Konzert wünsche. Die Ruhe, die Gelassenheit, die Geduld, mit der ich den Tag gestalte, führen zu einer ruhigeren, gelasseneren und geduldigeren Befindlichkeit auf dem Podium. Wenn ich die eigentliche Vorbereitung eines Konzerts selbst als eine Art Kunstwerk gestalte, erlebe ich alles mit einem erhöhten Grad von Selbstwahrnehmung, von Bewusstheit bei einzelnen, vielleicht auch noch so banalen Tätigkeiten am Tag eines Auftritts. Alles ist wichtiger als sonst. Man geht anders (eleganter, mit aufrechterer Haltung), man gönnt sich vielleicht etwas besonders Gutes zu essen und zu trinken, fährt im Zug lieber erster Klasse, (wenn es geht), verwöhnt sich ein wenig über das Alltägliche hinaus. Die Wirkung der „vorsätzlich provozierten" guten Stimmung am Konzerttag spürt man zwar nur indirekt, aber sie ist doch vorhanden.

Von Caruso wird berichtet, dass er am Tag seines Auftritts immer ein bestimmtes Ritual bis ins kleinste Detail strikt befolgte. Dieses Ritual betraf Essen, Schlaf, ja auch religiöse Elemente wie das Anzünden von Kerzen und Gebete an die Madonna. Es scheint, dass jede Art von Ritualisierung dem Menschen ein Gefühl von Sicherheit bringt. Dies ist auch der Grund, warum alle Religionen ritualisiertes Verhalten praktizieren und ihren Gläubigen vorschreiben.

Wenn manche Ritualisierungen auch an Aberglauben grenzen, so steht doch die Kraft der Einbildung außer Frage („Der Glaube versetzt Berge!"). Die Wirkung der „Einbildung" (Placebo-Effekt) wird medizinisch-therapeutisch inzwischen längst eingesetzt. Es liegt daher nahe, sich für den Auftritt sozusagen seinen ganz persönlichen positiv besetzten „Aberglauben" zu schaffen. (Man könnte auch von einer leichten Form von „Selbsthypnose" sprechen.) Der Ausdruck „Aberglaube" ist hier bewusst etwas überspitzt verwendet. Auch das spielerische Mitnehmen eines Maskottchens (hinter der Bühne, bitte nicht beim Probespiel und nicht aufs Podium!) ist ja schon Aberglaube. Aber wenn es hilft und jemanden beruhigt?

Bei der Gestaltung meines individuellen Rituals bin ich vollkommen frei, ebenso frei wie bei meiner „Ein-Bildung", bei der Wahl meiner Bilder. Ich kann also in das Ritual jede beliebige, nur auf mich selbst gemünzte Vorstellung aus meinem Erinnerungsschatz als „Anker" für eine positive Grundgestimmtheit einbeziehen: sei es das Bild eines rennenden Geparden oder eines majestätisch kreisenden Adlers, die Vorstellung eines schönen Sonnenuntergangs, die Erinnerung an das Gefühl nach einem gelungenen Konzert oder an ein schönes und wichtiges Erlebnis.

Das Ritual kann sich auf alle möglichen Kleinigkeiten beziehen: auf das Anziehen der Konzertkleidung, auf das Anlegen der Manschettenknöpfe, auf das Einpacken und Putzen des Instruments, auf mindestens zweimaliges Abfragen einer echten (oder imaginären) Checkliste, ja selbst auf die Gestaltung der Situation nach dem Konzert; das positive Vorgefühl dieser dann entspannten Situation eignet sich dazu, in das Ritual integriert zu werden.

11.2 Atemübungen

Es ist besonders sinnvoll, Atemübungen in das Ritual einzubeziehen. Weil diese eine eminente psychophysische Bedeutung haben, kann man mit ihnen die „Schnittstelle zwischen Körper und Seele" berühren. Allein schon die Konzentration der Aufmerksamkeit auf eine Reihe von langsam und ruhig durchgeführten Atemzügen hat eine stabilisierende Wirkung. In ein Ritual einbezogen, bekommen Atemübungen eine dreifache Bedeutung:
- als physische Entspannungsübung,
- als psychische Spannungsabfuhr und
- als rituelle Handlung.

Atemübungen können so über den Kanal der Ritualisierung geradezu als „Konditionierung" eines Zustandes von Selbstbewusstsein dienen, indem Atem und Selbstbewusstsein in der Vorstellung gekoppelt werden: „Ich atme ruhig, also bin ich selbstbewusst!" (In diesem Zusammenhang muss auf die Gefahr der „Hyperventilation" hingewiesen werden, also ein „Überatmen", das erwiesenermaßen negative Veränderungen der Konzentrationsfähigkeit erzeugen kann. Dies gilt sowohl vor als auch während eines Auftritts!) Kurz eine Übung: Es ist schon beruhigend, 12 bis 15 langsame Atemzüge zu machen, dabei den Einatemreflex ganz natürlich, ohne Willensbeeinflussung, kommen zu lassen und die Ausatemphase mit einem leicht hörbaren „f" zu verbinden.

11.3 Die Bedeutung der Langsamkeit

Wichtig für die optimale Wirkung jedes Rituals ist die Langsamkeit. Es hat etwas außerordentlich Stabilisierendes, alle Verrichtungen langsamer als sonst auszuführen. Durch die Langsamkeit wird der Prozess, der Weg, in den Vordergrund des Bewusstseins gestellt und das Ziel in den Hintergrund. Das Ziel, und sei es nur das Anlegen eines Manschettenknopfes, ergibt sich quasi als etwas Sekundäres; wichtig ist die Langsamkeit der Handlung. Selbst das Einspielen sollte sich auf langsame Bewegungen, auf eine Verlangsamung von schnellen Passagen konzentrieren. Es geht in erster Linie darum (wie etwa im chinesischen Tai-chi), ruhige, rituelle Bewegungen auszuführen, die uns von der Tageshektik entfernen. Auf diese Weise entsteht fast automatisch auch eine Verlangsamung und Vertiefung der Atmung, ein wichtiges Mittel zur Beruhigung bei Stress und Lampenfieber! Der – ruhige – Zustand ist in dieser Situation wichtiger als das – virtuose – Detail.

11.4 Der Countdown

Das Gefühl eines „Countdown" sollte ganz bewusst und ebenfalls mit diesem Gefühl von Langsamkeit ausgekostet werden. Es gibt kein Zurück mehr, das Konzert findet bestimmt statt! Es ist besser, ich versetze mich bereits früh in den Konzertzustand, als dass ich gedanklich versuche, diesem Zustand zu entfliehen. Mit dem bewussten Countdown hat das Konzert eigentlich schon angefangen. Die Anfangsangst ist auf diese Weise quasi schon vorweggenommen, „abgehakt", die defensive Form des Lampenfiebers bereits in seine offensive Form umgemünzt. Die Akzeptanz, ja rituelle Verfolgung dieses Countdown beeinflusst meinen körperlichen Zustand positiv.

Fazit

- Das Gefühl optimaler Vorbereitung auch aller Äußerlichkeiten (Ausgeschlafensein, Kleidung, Konzertsaal, Essen etc.) bringt Ruhe.
- Einer guten Vorbereitung darf man blind vertrauen! Was jetzt noch schief geht, liegt außerhalb meiner Verantwortung.
- Man kann nicht mehr geben, als man hat. Wenn man aber genau weiß, was man hat, kann man alles geben.
- Den inneren Vorsatz, etwas zu vermeiden, vermeiden! (Also niemals: Tu dies nicht oder jenes nicht!)
- Keine neuen Eindrücke und Gespräche vor Konzerten!
- „Die Natur macht keine Sprünge." Ein kalter Muskel arbeitet bei jedem Menschen langsamer als ein warmer.
- Keine kurzfristigen Änderungen!
- Selbsteinschätzung: „Du kannst es, du hast es schon oft gekonnt."
- Die Konzertvorbereitung soll ein ruhiges, ja langsames Ritual sein.
- Den Countdown schon in die Konzertvorbereitung innerlich hineinnehmen: „Es hat schon angefangen!"

II. Der Gemütszustand vor dem Konzert

1. Wie übt man einen bewegten Zustand?

Ein lebendiger „Zustand" ist immer in Bewegung. Selbst wenn der Körper sich äußerlich kaum bewegt – Atembewegung und Herzschlag sind fühlbar. Die Konzentration auf die Bewegung von Atem und Herzschlag führt zum Gefühl von Ruhe und Entspannung, nicht jedoch der Versuch, absolute, „tote" Bewegungslosigkeit zu erzeugen. Die Vorstellung einer „wellenförmigen" Ruhe ist der Vorstellung einer „statischen" Ruhe deutlich überlegen, auch in Bezug auf musikalische Parameter wie z. B. Gleichmäßigkeit in Ton und Rhythmus.

Ein Beispiel: Für den Streicher bringt das Lampenfieber die Gefahr des Bogenzitterns mit sich. Eine Anti-Lampenfieber-Übung direkt vor dem Auftritt lautet deshalb: Lange Noten spielen und dabei auf den Herzschlag achten! Der lange Ton erhält dadurch eine wellenförmige, „biorhythmische" Gliederung. Absolute Gleichmäßigkeit ist nicht möglich und auch nicht wünschenswert – weder in dynamischer noch rhythmischer noch farblicher Hinsicht! Der sicherste Weg, Bogenzittern zu bekommen, ist der Versuch, vollkommen gleichmäßige Töne zu spielen! Dieses Prinzip gilt – in abgewandelter Form – für jedes Instrument. Was lebt, bewegt sich und fängt damit die Aufmerksamkeit des Hörers ein.

Es gibt aber auch noch andere Bewegungen, die mir zum Erreichen des gewünschten „Zustands" vor dem Konzert behilflich sind: Den Körper sanft schwanken lassen, umhergehen, tanzen, summen, singen oder dirigieren; solche Bewegungen erhöhen das „Ich-Gefühl". Irmtraut Tarr Krüger schlägt in ihrem Buch *Lampenfieber* auch Trommeln vor, als eine Art Vergegenständlichung des Lampenfiebers, sozusagen um das Lampenfieber „handhabbar" zu machen.

Eine ziemlich überraschende Hilfe ist auch das „Gesichterschneiden": Die Mimik symbolisiert wechselnde Ausdruckszustände, die sich als analoge Gefühle gegen das Lampenfieber aufbauen lassen. Über den Regelkreis „Ausdruck – Ausdrucksbewegung" kann ein wild entschlossenes Gesicht Entschlossenheit signalisieren, aber auch – provozieren!

Ein bewegter Körper ist gewissermaßen mehr „ich" als ein unbewegter, weil er sich seiner selbst, seiner äußerlichen und innerlichen Bewegungspotentiale bewusster ist (Moshe Feldenkrais spricht von „Bewusstheit durch Bewegung"). Zur Steigerung dieses Ich-Bewusstseins, dieser Sensibilität kann ich sogar die klanglichen Schwingungen (vor allem in tiefen Lagen) wohlig in meiner Haut, in meinem Körper ertasten. Ich brauche nur meine Aufmerksamkeit darauf zu lenken.

Bewegung steht mir auch in einem Zustand des Lampenfiebers durchaus als frei einsetzbare, willkürliche Option zur Verfügung, vorausgesetzt, ich bin mit dem Phänomen und der Bedeutung von Ausdrucksbewegungen grundsätzlich vertraut (s. S. 222). Wenn diese willkürliche Option vorher nie bewusst ergriffen wurde, kann allerdings ein Zustand von Lähmung eintreten, dem ein Spieler ziemlich hilflos ausgeliefert ist. Bei Lampenfieber kann mir als Spieler eine Bewegung, die der Betrachter durchaus noch als „natürlich" wahrnimmt, innerlich oft schon als „übertrieben" vorkommen. Nichts hindert mich aber, meine Bewegungen tatsächlich ein bisschen zu übertreiben, um meinen „normalen" Freiheitsgrad der Bewegungen zu erreichen!

In Unkenntnis der Vernetztheit aller psychischen und körperlichen Phänomene wird bei der Diskussion des Lampenfiebers, also auch beim Versuch es zu bewältigen, immer wieder vergessen, dass Emotion einerseits und Muskelaktivität bzw. Körperspannung und Körperbewegung andererseits sich gegenseitig spiegeln, ja zwei Seiten ein und derselben Medaille sind. Das bedeutet, dass ich durch Bewegung sehr wohl Symptome des Lampenfiebers bearbeiten kann, um das Lampenfieber selbst zu bearbeiten. Atemübungen, sanft schwingende Haltung, gymnastische Übungen, mimische Spiele, Körpertechniken wie Feldenkrais, Tai-chi, Alexandertechnik oder Eutonie beweisen die innige Vernetztheit von psychischem Zustand und körperlichem Verhalten.

Um noch einmal den Storchenwitz zu bemühen: „Ich wollt, ich wär zwei Störche" (s. S. 60). Vor dem Auftritt entsteht eine beruhigende, „objektivierende" Wirkung dadurch, dass man vor einem Spiegel spielt (das kann sogar noch direkt vor dem Auftritt sein!). Das Spiegelbild erfasst das Lampenfieber nicht und kann es deshalb auch nicht reflektieren. Es suggeriert deshalb ein lampenfieberfreies Spiel, das direkt sinnlich, visuell erfahrbar ist. Lampenfieber kann man von außen nicht direkt wahrnehmen. Wahrnehmen kann man nur dessen Folgen wie z.B. eine Verengung der Spielbewegung, verfestigte Körperhaltung, starre Mimik, hoch gezogene Schultern etc.

2. Gedanken schaffen Fakten

Gedanken schaffen Fakten, auch im Körper: So ist bei der Bewältigung des Lampenfiebers vor einem Konzert der Gedanke hilfreich, dass es für meinen Erfolg genau genommen gleichgültig ist, ob oder wie viel Lampenfieber ich vor dem Auftritt habe. Entscheidend ist der Zustand auf der Bühne.

Um meine beste Leistung zu bringen, muss ich mich annehmen, so wie ich bin. Das bedeutet aber auch, dass ich das Lampenfieber akzeptieren muss. Diese Akzeptanz kann ich schon lange vor dem Konzert in einer mentalen Übung imaginieren!

Auch eine kleine „philosophische" Distanzierung ist hilfreich:
- Was mache ich hier überhaupt kulturell?
- Was bedeutet es für mich?

- Was erwarte ich, was erwartet der Hörer?
- Wie kann ich die Erwartungen des Hörers nicht nur erfüllen, sondern sogar übertreffen?
- Wie kann ich den Hörer quasi durch meine Kunst, durch unser aller Kunst zu einer „Recreation des Gemüthes" (J. S. Bach) bringen?

Dies sind „beruhigende Gedanken" im Sinne einer vielleicht etwas philosophisch anmutenden, aber in ihrer Wirkung durchaus praktischen, „kognitiven Lampenfiebertherapie".

Was ich mental zur Beruhigung direkt vor dem Auftritt tun kann, ist, mich an frühere Erfolge zu erinnern. Die Erinnerung an die Anspannung vor einem besonders erfolgreichen Konzert, wie es angefangen hat, wie ich mich beruhigt habe, wie mein „flow" – meine Funktionslust – sich gesteigert hat, wie ich mich in meinen Bewegungen, meinem Ausdruck zunehmend wohl gefühlt habe, und auch die Erinnerung daran, wie ich mich nach dem Konzert gefühlt habe, gibt mir schon vor dem Auftritt Sicherheit und Selbstvertrauen. Auch das übernächste Konzert wird in solchen Lampenfieber-Wellen ablaufen! Nach dem Konzert werde ich vermutlich sogar etwas erschöpft sein. Psychologen sprechen geradezu von einer „Entlastungsdepression", von der ich vor dem Konzert meilenweit entfernt bin!

Es ist kaum möglich, stundenlang gleichmäßig Aufführungsangst zu haben. Auch bei größtem Lampenfieber am Anfang eines Konzerts ist im Laufe des Programms zu beobachten, dass das Lampenfieber nachlässt, wenn es auch vielleicht nicht ganz verschwindet. Die Feststellung, dass der befürchtete Kontrollverlust ja doch nur teilweise, kaum wahrnehmbar oder überhaupt nicht eingetreten ist, dass also die Spielfunktionen noch unvermindert zur Verfügung stehen, lässt ein allmählich oder sogar sehr bald wieder ansteigendes Gefühl von Sicherheit entstehen.

Dies ist „gut zu wissen" und kann als vorsorgliche mentale Einstellung für den Anfang dienen: Ich kann mir durchaus suggerieren, dass ich am Anfang eines Auftritts schon eine ganze Weile gespielt habe, dass der Anfang dem Wiederbeginn z. B. nach der Pause entspricht. Auch das Ende des Konzerts, vielleicht mit der Überreichung eines Blumenstraußes, kann schon mental vorgezogen werden: Der Zustand am Ende des Konzerts ist lampenfieberfrei!

3. Geduld

Ein wichtiges Element bei der Bearbeitung des Lampenfiebers ist Geduld. Alle Prozesse, alle Änderungen im Körper und in der Seele brauchen Zeit. Einige Beispiele: Es dauert eine Weile, bis ich einschlafen kann. Es dauert, bis mein Atem sich nach einer Anstrengung wieder beruhigt. Es dauert, bis der Herzschlag sich nach einer Belastung wieder normalisiert. So dauert es auch eine Weile, bis der Zustand des Lampenfiebers sich in eine für das Konzert „geeignete", mittlere Intensität eingependelt hat. Natürlich möchte man den unangenehmen Angstzustand des Lampenfiebers am liebsten per Knopfdruck ausschalten. Es ist hilfreich, sich den Zeitfaktor klar zu machen. Am besten gliedert man diese Zeit in einen Rhythmus und zwar je nach Situation und Zeitrahmen. Empfehlenswert sind:
- Atemübungen (s. S. 184),
- kurze Spaziergänge,
- gymnastische Übungen, die man mit Atemübungen kombinieren kann.

Wer zwölf langsame Atemzüge bewusst durchführt, hat seinen Zustand positiv verändert. Wer nur zwei Atemzüge als bewusste Atemübung absolviert, bleibt im Zustand der Ungeduld, der nahe an der Nervosität ist.

4. Gegen den Kontrollzwang

Ein großes Hindernis bei der Bewältigung geistiger Aufgaben ist der „Kontrollzwang", die Illusion, ich müsste dauernd alles im Bewusstsein haben, um darüber zu verfügen. Das Gegenteil ist aber der Fall: Aus einem Zustand der „Leere", der auch in verschiedenen Psychotechniken beschrieben wird, beziehe ich die größte Bereitschaft, spontan und blitzschnell zu agieren.

Als Beispiel kann man sich die Funktionsweise eines Computers vorstellen: Der Zugriff auf die „Festplatte" meines Gedächtnisses geschieht am schnellsten, präzisesten und ungehindertsten, wenn der Arbeitsspeicher meiner Aufmerksamkeit nicht schon mit allerlei nicht zur Sache gehörendem Gedankenmüll angefüllt und belastet ist. Ist der Arbeitsspeicher überfüllt, stürzt der Computer ab.

Der Kontrollzwang entsteht aus der Illusion, dass nur das, was ich aktuell im Bewusstsein habe, meinem Gedächtnis zur Verfügung steht – eine angesichts der (vergleichsweise) bescheidenen Leistungskapazität meiner Aufmerksamkeit offensichtlich unsinnige Vorstellung. Dieser „Kontrollzwang" hat darüber hinaus bei der gesamten Vorbereitungsarbeit – beim Üben zu Hause, aber auch unmittelbar vor dem Konzert – einen fatalen Nachteil: Er prägt sich als innere Haltung von Misstrauen in die eigene Fähigkeit ein. Die chronische Überforderung der Aufmerksamkeit ist einer der verbreitetsten Verhaltensfehler beim Üben und kann auch bei der direkten Konzertvorbereitung nur Unheil stiften. Die Frustration, die schon beim Üben durch die Unmöglichkeit entsteht, mehr zu beobachten, „als auf einen Löffel passt", prägt sich schließlich als eine dauernd das Spiel begleitende Frustrationshaltung ein, als Minderwertigkeitsgefühl und mangelndes Selbstbewusstsein.

5. Vertrauen – Misstrauen – Fehlertoleranz

Wie gesagt: Auf gute Vorbereitung darf ich „blind" vertrauen. Ich kann ihre Wirkung zwar nicht direkt körperlich fühlen, weiß aber aus Erfahrung, dass sie ihre Wirkung hat. Ich habe zwar noch Lampenfieber, weiß aber, dass es mich nicht zu stark beeinträchtigen wird. Ich weiß aus Erfahrung, dass ich die Dynamik des Lampenfiebers als einen Anstieg von Energie erleben werde, dass die Angst sich aus ihrer „Fluchtform" in ihre „Angriffsform" verwandeln wird.

Die meisten Funktionen unseres Körpers laufen weit entfernt von unserem Bewusstsein ab. Wenn wir auch nur einen winzigen Bruchteil dieser Funktionen „kontrollieren", also bewusst beobachten und korrigieren müssten, könnten wir gar nicht leben. Wir kümmern uns nicht um unseren Herzschlag, unseren Atem, unsere Verdauung, unsere Muskeldurchblutung! Wir wissen nur, dass sie – wenn wir gesund sind – bei einer vernünftigen Lebensweise einwandfrei funktionieren. Auch unsere Gehirnfunktionen – einschließlich unseres Gedächtnisses – spielen sich überwiegend außerhalb unseres Bewusstseins ab. Es besteht also Grund zu einem fast bedingungslosen Vertrauen in die Funktionen unseres Gehirns als Teil unseres Körpers.

Der schon erwähnte auf einem Missverständnis der Funktion unseres Gedächtnisses beruhende „Kontrollzwang", bei dem man sich so viel wie möglich bewusst macht und vor allem bewusst hält, ist in oder vor einer Konzertsituation gleichbedeutend mit einem Misstrauen in unsere Natur. Stattdessen: Den Kopf leer machen, Vertrauen in die Natur und in die Vorbereitungsarbeit beweisen! Um den Computervergleich noch einmal zu bemühen: Arbeitsspeicher leer machen und auf die gut organisierte Festplatte vertrauen!

Das Gedächtnis jedes gesunden Menschen ist im Prinzip absolut zuverlässig. Wenn beim Einprägen keine gravierenden Verhaltensfehler gemacht wurden, kann ich mich beim Konzert auf die „Natur" meines Gedächtnisses verlassen. (Ein solcher gravierender Verhaltensfehler wäre z.B. die Erarbeitung eines Werks ausschließlich auf der Basis rein motorischer Wiederholung ohne strukturellen Bauplan!) Dann ist es die auf mich zukommende Zeit selbst, die mir zeigt, „wie es weiter geht". Ich brauche ihr nicht nachzulaufen!

Misstrauen schädigt die ungehinderte Verfügbarkeit unserer gelernten, gespeicherten Gedächtnisinhalte. (Nur der **Akt der Speicherung** erfordert Bewusstheit, der **Speicherinhalt** bedarf aber keiner weiteren Kontrolle!) Wenn diese Gedächtnisinhalte einmal in einer von uns gewünschten Form gespeichert sind, besteht nicht der geringste Grund zu einem Misstrauen bezüglich ihrer Verfügbarkeit. Was die Verfügbarkeit stört, ist gerade der Mangel an Vertrauen. Dieses Vertrauen darf natürlich nicht mit einer utopischen Vorstellung von Perfektion verwechselt werden. Perfektion kann, wenn überhaupt, nur von einer Maschine geleistet werden; alles Lebendige braucht einen Bereich von Fehlertoleranz.

Vor einem Konzert, selbst während des Konzerts muss diese Fehlertoleranz mir selbst gegenüber in meinen Zustand bewusst mit einbezogen werden. Es wird vermutlich ein paar Stellen im Konzert geben, die ich zu Hause schon einmal besser gespielt habe, vielleicht sogar den einen oder anderen kleinen „Patzer" – dafür aber auch besonders gelungene, weil direkt dem Hörer „gewidmete" Teile. Der schon erwähnte Jongleur vertraut seine Übesequenzen geradezu dem Grundsatz von der „Unmöglichkeit der Perfektion" an! Das Ziel meines Konzerts ist nicht sein Abschluss, sondern der Weg selbst. In kaum einem anderen Zusammenhang gilt der Satz „der Weg ist das Ziel" so ausnahmslos wie bei einem Konzert. Die Musik selbst entsteht ja nur im Ver-Gehen!

6. Ablenkbarkeit

Angst soll, so hat die Natur es bestimmt, eine extreme Wachheit für unvorhergesehene Ereignisse erzeugen. Ein Tier braucht zum Überleben ein gesundes Misstrauen seinem Umfeld gegenüber – jedes Geräusch, jede ungewohnte Bewegung, jeder flüchtige Schatten kann einen Feind bedeuten.

Im Zustand des Lampenfiebers können schon minimale Störungen, z.B. Geräusche aus dem Publikum oder von mir selbst, ein Luftzug, ungewohnte Berührungsgefühle durch das Instrument oder die Kleidung, kleine Fehler, die niemand „von außen" wahrnimmt, überhaupt jede nicht zum eigentlichen Spiel gehörende Wahrnehmung, eine Ablenkungswirkung haben, die sie im „Normalzustand" nie hätten. Leider passt diese sinnvolle, „natürliche" biologische Misstrauensfunktion gar nicht mit der kulturell entstandenen, höchst konzentrierten, keinerlei Ablenkung duldenden, selbstvergessenen Tätigkeit zusammen, wie sie das Spielen eines Konzerts darstellt!

Glenn Gould hat zur Stärkung seiner Konzentrationsfähigkeit in seinem Studio beim Üben absichtlich Geräusche, sogar Musik erklingen lassen. Es sei dahingestellt, ob dies eine für jeden gangbare Methode zur Steigerung der Ablenkungsresistenz darstellt. Zumindest erhalte ich dadurch Hinweise, in welchem Maß ich über die automatisch erfolgenden Bewegungsabläufe verfüge, ohne mich übermäßig konzentrieren zu müssen. Als „self-assessment", als Information darüber, was ich auch in exponierten Situationen noch bringen kann, ist es vielleicht keine schlechte Option, wenn dieses Verfahren gelegentlich zur Kontrolle eingesetzt wird. Im Stimmzimmer vor einem Probespiel z.B., wenn viele Musiker gleichzeitig spielen, kann eine solche Konzentrationsfähigkeit sehr hilfreich sein, um der rein physiologischen Notwendigkeit des Einspielens, des Aufwärmens der Muskulatur gerecht zu werden.

Wohl dem, der dann so abschalten kann, dass ihn das Spiel der anderen nicht stört!

In diesem Zusammenhang hat sogar die gelegentlich propagierte Übeweise vorübergehend ihren Sinn, zu spielen und dabei Zeitung zu lesen oder fernzusehen – vorausgesetzt, man betrachtet dies nicht als „Üben" im eigentlichen Sinne, sondern als Kontrolldurchläufe, um zu sehen, was rein motorisch, ohne jeden Einsatz von Konzentration, schon erarbeitet wurde. Die Gefahren, die bei einer überwiegend motorisch ablaufenden Übeweise lauern, wurden bereits beschrieben und sind allgemein bekannt. Motorische Beherrschung des Spielgeschehens allein genügt auf keinen Fall!

Auch Barry Greene spricht in seinem Buch *Tennis und Psyche* über die Stabilisierungsmethode „Störung ertragen". Störungen zwingen tatsächlich dazu, sich in eine imaginäre „Glasglocke" zurückzuziehen, in der zwar viele Geräusche rein akustisch an mein Ohr dringen, ohne dass ich jedoch etwas „höre". Ich lasse die Geräusche also sozusagen am Gehirn „vorbeilaufen", ohne sie zu einer Bedeutung zu verarbeiten.

7. Medikamente

Heiß umstritten ist die Frage, ob man vor einem Konzert Medikamente einnehmen darf, muss, kann oder soll. Leider wird dieses Thema in vielen Fällen sofort mit einem moralischen Tabu belegt. Es gibt bis heute noch keine endgültige wissenschaftliche Untersuchung, die etwa für den e i n z e l n e n Künstler etwas Verbindliches aussagen würde. Vermutlich wird eine solche Untersuchung nie über eine rein s t a t i s t i s c h e Feststellung hinausgehen können, da eben jeder völlig verschiedene Voraussetzungen zur persönlichen Beantwortung dieser Frage mitbringt.

Ich möchte meine Musik in bestmöglicher Form und mit optimaler Wirkung auf den Hörer übertragen. Musik ist von

Menschen gemachter Ausdruck, durch Menschen vermittelt, für Menschen als Hörer gestaltet. Es kann kein Grund bestehen, die Erlebnisgemeinschaft zwischen Künstler und Publikum nicht so intensiv wie möglich zu gestalten – und wenn sie gestört zu werden droht, alle vernünftigerweise zugänglichen Mittel auch einzusetzen.

Einigkeit herrscht wohl darüber, dass Sedativa, reine Beruhigungsmittel, auch den künstlerischen Impetus „beruhigen", dass also durch solche Beruhigungsmittel das Ausdrucksverhalten verändert, reduziert wird. Anders verhält es sich mit Betablockern. Sie reduzieren den Adrenalinausstoß und regulieren den Herzschlag, weshalb sie in erster Linie als Herzmittel zu gelten haben. Lampenfieber ist ein eminent persönliches Gefühl, das jeder Mensch auf der Basis seiner eigenen Biographie in unterschiedlicher Stärke empfindet. Deshalb muss auch im Zusammenhang mit Betablockern jeder seine eigene Entscheidung treffen.

Die Gleichsetzung der Einnahme von Betablockern mit dem Doping im Sport ist eine unzulässige Verzerrung, ja Verkennung des Problems. Beim Sport bedeutet Doping eine Erhöhung einer – in erster Linie – physiologischen Leistung mit unlauteren Mitteln, um sich dem Konkurrenten gegenüber einen rein quantitativen Vorteil zu verschaffen. Ein Musiker kann sich hingegen durch eine stützende, das Lampenfieber neutralisierende Einnahme einer individuellen Dosis von Betablockern keinerlei über seine eigentliche Leistungsfähigkeit hinausgehenden Vorteile verschaffen. Was ich nicht kann, bringt auch der Betablocker nicht.

Über die Möglichkeit, extremes Lampenfieber durch Betablocker zu modifizieren, wurde vor vielen Jahren bei einem ESTA-Kongress referiert. Referent war Jürgen Schmidt-Voigt, Chefarzt einer großen Herzklinik und selbst konzertierender semi-professioneller Geiger. Seine wichtigsten Thesen waren:

- Die Einnahme von Betablockern ist keine moralische, sondern eine medizinische Frage.
- Es besteht kein Grund, ein Konzert mit zittrigem Bogen zu beginnen oder ein Probespiel zu verlieren, nur um Schuldgefühlen in Hinblick auf die Medikamenteneinnahme zu entgehen.
- Betablocker lassen das Lampenfieber nicht verschwinden, sondern neutralisieren dessen Folgen.
- Betablocker ersetzen nicht gutes Üben.
- Betablocker machen nicht süchtig.
- Betablocker können im Einzelfall negative Nebenwirkungen haben.
- Betablocker sollten (deshalb) unter ärztlicher Aufsicht ausprobiert werden.
- Nicht jedes Präparat passt für jeden.
- Die Dosierung ist für jeden Menschen anders.
- Die Dosis sollte so gering wie gerade wirksam ausfallen (testen!).
- Betablocker können für eine gewisse vorübergehende Phase verwendet werden, auch unter Berücksichtigung des Gesundheitszustandes eines Musikers.

Auch andere Mediziner betrachten das Problem eher wissenschaftlich-nüchtern. So sei ein Bericht aus der schweizerischen *Ärztezeitung* vom 29.5.2000 zitiert, der Betablocker als Prophylaxe vorschlägt:

> *[...] Studienergebnisse hat der Arbeitsphysiologe Dr. rer. nat. Andreas Hinz von der Universität in Leipzig vorgestellt. [...] Bei 26 Musikern, die in die Studie aufgenommen wurden, betrug die mittlere Pulsfrequenz während des Auftritts 128 Schläge pro Min., während sie beim Üben bei 98 Schlägen, im Tagesmittel bei 84 Schlägen und in der Nacht lediglich bei 63 Schlägen pro Minute lag. Da die*

Ergebnisse der kardiologischen Diagnostik unter der Einnahme von Betablockern erheblich günstiger ausgefallen seien, sei eine entsprechende medikamentöse Prophylaxe durchaus zu empfehlen, so Hinz.

Die moralisierende Diskussion des Phänomens Betablocker hat schon so manchen Musiker daran gehindert, seine eigentliche künstlerische Leistungsfähigkeit auszuspielen. Der Einsatz von Betablockern hat aber in entscheidenden beruflichen Situationen, wie etwa einem Probespiel, schon oft zum Einstieg in den so sehr angestrebten, fortan meist betablockerfreien Beruf verholfen. Apodiktische Verteufelungen sind genau so unproduktiv wie kritiklose Empfehlungen. Die oft gehörte Behauptung, die Einnahme von Betablockern zerstöre die Kommunikation mit dem Publikum, lässt sich angesichts der Komplexität und der „Wellenform" des Lampenfiebers nicht aufrechterhalten. Wenn das so wäre, müsste ein Zuhörer oder das ganze Publikum am Spiel erkennen können, ob ein Künstler Betablocker eingenommen hat oder nicht.

Zu der vielleicht schmerzlich erlebten Notwendigkeit, sich eines Betablockers bedienen zu müssen (was keineswegs eine Garantie für einen künstlerischen Erfolg darstellt!), tritt ein oft noch viel schlimmeres Gefühl: das oben schon erwähnte, zerstörerische Schuldgefühl. Nach einem Vortrag über das Lampenfieber bei einem Kongress fiel eine Zuhörerin dem Referenten aus Dank um den Hals, weil sie sich von ihrem Schuldgefühl, das sie aufgrund der Einnahme von Betablockern bei ihren unvermeidlichen öffentlichen Auftritten mit sich herumschleppte, durch eine nüchterne Diskussion dieser Frage befreit sah. Sie war so entlastet, dass sie sich vornahm, ihre bisherige Dosis zunächst auf ein Minimum herunterzuschrauben, um dann möglichst wieder ganz ohne Betablocker auszukommen!

Bei der Frage nach der Dosierung von Betablockern entsteht ein eigenartiges Phänomen: Man kann die Dosis so weit vermindern, dass nicht mehr genau unterschieden werden kann, ob die winzige Dosis überhaupt noch oberhalb ihrer medizinischen Wirkungsschwelle liegt oder ob sie schon im Bereich des „Aberglaubens", also des psychisch stabilisierenden Rituals anzusiedeln ist und damit in den Wirkungsmechanismus eines Placebos, einer Autosuggestion überwechselt. Wenn man sich von der moralischen Tabudiskussion verabschiedet hat, braucht diese Frage auch nicht beantwortet zu werden. Hauptsache, es hilft. Versuche mit Betablocker-P l a c e b o s im Zusammenhang mit Lampenfieber stehen noch aus und dürften interessante Resultate bringen.

Jeder muss die Frage nach dem Einsatz von Betablockern vor dem Hintergrund seiner ganz persönlichen Möglichkeiten und seines ganz persönlichen Menschenbildes beantworten. Es hat nicht jeder Mensch das unerschütterliche Selbstvertrauen (das ja nichts mit künstlerischer Sensibilität und Gestaltungsfähigkeit zu tun hat!), aufgrund dessen manche Autoren sich berechtigt sehen, die Einnahme von Betablockern als „Doping" zu kriminalisieren oder allenfalls als für schwache Persönlichkeiten zulässige Krücke darzustellen.

Angesichts der Veränderung unserer Welt im 20. und 21. Jahrhundert, der Einflüsse durch die Medienwelt, der gravierenden Umwälzungen im Zusammenhang mit Umwelt, Genetik, Medizin, Globalisierung, der Existenzangst, des riesigen Konkurrenzdrucks kann die Diskussion um Betablocker bei Musikern nicht so geführt werden, als lebten wir auf einer einsamen Insel in einer ansonsten heilen Welt. Ohne die moderne Medizin würden wir alle ohnehin nur ein viel niedrigeres Durchschnittsalter erreichen; für die Hälfte der Musiker wäre die Frage nach dem Betablocker insofern gar nicht mehr virulent... Die Frage kann also nicht aus dem Gesamtrahmen der Kultur und Zivilisation des 21. Jahrhunderts ausgeklammert und unter absoluten, moralischen Vorzeichen diskutiert werden.

Es ist zusammenfassend festzustellen, dass schon die Frage nach der Erlaubtheit der Einnahme von Betablockern sich für viele Menschen von der rein medizinischen Indikation weit entfernt hat und zu einer Frage von Schuld und Sühne geworden ist. Der Autor spricht hier keinesfalls eine Empfehlung für Betablocker aus, aber er plädiert dringend dafür, die Diskussion auf einem eher nüchternen wissenschaftlichen Niveau zu belassen und sie eher auf eine Ebene zu stellen mit Fragen wie: Was esse ich? Was ziehe ich an? Wie bereite ich mich insgesamt auf einen Auftritt vor? Wie verhalte ich mich? etc.

Fazit

- Ruhe durch Bewegung: Ein erwünschter mentaler Zustand lässt sich am besten durch Bewegung üben – und seien es „nur" Atembewegungen!
- Bewusstes Atmen dient als Verstärker von positiven Gedanken.
- Gedanken schaffen Fakten.
- Ein Spiegelbild ist nicht nervös. Deshalb: Vor einem Konzert vor dem Spiegel spielen.
- Geduld ist das Akzeptieren der Zeit, die Prozesse (auch Beruhigungsprozesse) brauchen.
- Was ich gut gelernt habe, steht mir zur Verfügung. Ich brauche es nicht noch einmal zu kontrollieren.
- Nicht Perfektion, sondern Ausdruck und Mitteilung werden das Gelingen des Konzerts ausmachen. Ausdruck und Mitteilung werde ich noch steuern können, Perfektion hingegen nicht.

- „Ereignisse" im Saal beziehen sich fast nie auf mich! Daher: Nicht von Hustern, Geräuschen etc. ablenken lassen!
- Die Frage nach dem Einsatz von Betablockern ist keine moralische, sondern eine medizinische Frage und nur individuell beantwortbar.

Teil D: Das Konzert

I. Auftreten

1. Haltung und Selbstbewusstsein

Wer auf eine Bühne tritt, muss sich selbst gut finden! Er muss seine Rolle in dieser Situation als Künstler, als Kommunikator, als „Entertainer" – im besten Sinne des Wortes – ganz akzeptieren. Um die Selbstzweifel, die durch das Lampenfieber entstehen können, zu überwinden, stehen mir neben der optimalen Vorbereitung meines Programms und der organisatorischen und mentalen Vorbereitung des Auftritts auch die Haltung und Bewegung meines Körpers zur Verfügung.

Der seinerzeit weltberühmte Geiger Jan Kubelik, dessen Präsenz auf der Bühne schon beim Auftritt als außergewöhnlich gepriesen wurde, erzählt, dass er die Kunst des Besitzergreifens eines Konzertsaals durch intensive Arbeit an Auftreten und Haltung von seinem Impresario gelernt habe.

Auch in einem Zustand von Lampenfieber kann ich sehr wohl – gewissermaßen „schauspielerisch" – eine souveräne Haltung einnehmen:

- durch einen federnden, raschen, aber nicht nervösen Gang,
- durch eine Kopfhaltung, die Sicherheit und Beherrschung der Situation signalisiert („als würde der Kopf hinten an den Haaren nach oben gezogen"),
- durch vorbereitende Bewegungen etwa beim Hinsetzen oder Stimmen, die eine „gute Spannung" („Eutonie") haben und ausstrahlen.

Auch hier kommt wieder „der 2. Storch" ins Spiel (s. S. 60): Wie sehen mich die anderen?

Das Wort „Haltung" hat eine für unsere Lampenfieberdiskussion hilfreiche Doppelbedeutung: Es bezeichnet sowohl einen äußeren als auch einen inneren Energiezustand. Eine innere Haltung kann ich mittels der äußeren stützen. Ich habe also ein Mittel „in der Hand", den Kausalzusammenhang zwischen innerem Zustand und äußerer Haltung umzudrehen. Wenn ich mich schlecht fühle, strahlt dies normalerweise auf meine Körperhaltung aus. Freunde sehen es mir an, hören es sogar meinem Sprachklang an, wie ich mich fühle. Ich kann nun aber so tun, „als ob" ich in einem hoch motivierten, angriffslustigen Zustand innerer Sicherheit wäre, indem ich zunächst willkürlich die Haltung einnehme und die Bewegungen ausführe, die normalerweise diesen sicheren Zustand körperlich signalisieren.

Die Wirkung dieser „körperlichen Hochstapelei" geht noch weiter: Da im Körper alle Bewegungen vernetzt sind, auch psychische und geistige mit den körperlichen Bewegungen, kann die zunächst „aufgesetzte" Haltung einen Zustand herbeizaubern, der – fast schon – jener inneren Haltung von Souveränität und Sicherheit entspricht, ihn so zumindest begünstigt und herbeilockt.

Die auf der Bühne zur Verfügung stehende Leistung wird mitbestimmt von der Summe der inneren Haltungen und Befindlichkeiten, die beim Üben durchlebt worden sind. Diesem „Durchleben" ist man nicht hilflos ausgeliefert: Es ist sehr wohl lernbar, mit Fehlern konstruktiv umzugehen, sie nicht als peinliche Pannen zu erleben, sondern als „konstruktive" Information. Ich kann mich daran gewöhnen, bei Fehlern freundlich zu lächeln, statt ein verzweifeltes Gesicht zu machen, wie man das im Unterricht, ja sogar auf der Bühne leider häufig erlebt. Lächeln verändert den Tonus und den mentalen Zustand. Es hat darüber hinaus die schon erwähnte Resonanzeigenschaft: Das Gegenüber lächelt auch, „mimt" das Lächeln und versetzt sich damit selbst in den gewünschten Zustand. Man kann das Manipulation nennen – es erzeugt auf jeden Fall Gemeinsamkeit.

2. Spannung – Entspannung

Es ist nicht ganz selbstverständlich, in einen größeren Kreis von Menschen zu treten mit einem Gang, der sowohl als Körperbewegung Sicherheit ausstrahlt als auch eine Sicherheit in Bezug auf das Ziel zeigt, und sei es zunächst nur dies, zu einer bestimmten Stelle auf der Bühne zu gehen, z. B. zum Klavier oder an einen Platz davor.

Ich verkörpere beim Auftritt die Anspruchshaltung, eine besondere, nicht alltägliche Situation zu dominieren. Eine gewisse zielsichere „Arroganz" ist angesagt, die sich auch auf meine äußere körperliche Erscheinung bezieht. Ich muss mir darüber im Klaren sein, dass man mich auch als Körper betrachtet und dass man mich zunächst ungefähr so bewerten wird, wie ich mich selbst bewerte. Dass dies natürlich auch ganz äußerliche Dinge impliziert, muss kaum betont werden. Wie schon erwähnt: Jeder Mensch ist einmalig und kann sich in seiner Einmaligkeit auch äußerlich „schön" finden, unabhängig davon, ob sein Äußeres irgendwelchen Standard-Schönheitsidealen entspricht. Die Ausstrahlung, die ein Künstler auf dem Podium hat, hängt nicht von einer Standard-Schönheit, sondern von der Unbedingtheit seiner Mitteilung ab. Eine bucklige Clara Haskil hatte auf dem Podium eine Ausstrahlung, die manches Mannequin vergeblich zu erreichen versucht!

Es ist auch keine Schande, wenn ich mir für einen Augenblick vorstelle, wie ein von mir bewunderter Künstler wohl auf die Bühne käme! Auch wenn das Wort „Imitation" für viele Musiker den Klang von etwas Minderwertigem hat – die Imitation eines anderen wird ohnehin immer nur eine partielle sein. Wenn ich eine mir erstrebenswerte Teileigenschaft eines bewunderten Künstlers imaginiere, verliere ich dadurch keineswegs meine Ursprünglichkeit, sondern ich bereichere meine künstlerischen Möglichkeiten um eine vielleicht wichtige neue Erfahrung.

Die so häufig angestrebte „Lockerheit" hilft in einer Konzertsituation nicht viel. Alle, auch die Zuhörer, sind am Anfang eines Konzerts „gespannt", auch wenn diese Spannung nichts mit Verspannung zu tun haben muss. Der Künstler zeigt dem Publikum diese „Vorspannung", die er selbst empfindet und sowohl bei sich selbst als auch beim Publikum bejahen, ja geradezu provozieren muss. Die Suggestion von Lockerheit ist diesem „wohlgespannten" äußeren Bild gar nicht angemessen. Eine gute Haltung bedeutet eben eine gewisse innere Gespanntheit (Eutonie). Sie signalisiert und überträgt gleichzeitig ein Gefühl von der Wichtigkeit des Ereignisses. So wird die Aufmerksamkeit des Publikums auf die Darbietung fokussiert.

Einen solchen Zustand kann man kurz vor dem Auftritt durch absichtliche Anspannung mit anschließender schneller Entspannung leicht erzeugen. So ist z. B. „Räkeln" nichts weiter als eine solche Spannungsmaßnahme. Räkeln ist gesund! Im Yoga wird Räkeln als therapeutische Maßnahme ausdrücklich empfohlen. Wenn man den psychischen Spannungszustand vor dem Konzert als „psychisches Räkeln" bezeichnet, hat man dem Lampenfieber gedanklich eine positive Seite abgerungen!

Die „progressive Relaxation" (nach Jacobsen) verwendet ebenfalls dieses Spiel von aktiver Spannung und Entspannung. In dem Buch *Cello üben* beschreibt der Autor die Wirkung von vorgezogenen Fingerdruckimpulsen, die auf dem gleichen Prinzip basieren[6]. Durch „Lockerungsübungen" und „Lockerheitsvorstellungen" dagegen ist das Lampenfieber nur in sehr beschränktem Maße, wenn überhaupt, beeinflussbar. Spannungs-Entspannungs-Spiele bringen mehr!

---

[6] G. Mantel: *Cello üben*, Mainz 1999, S. 188ff.

3. Raumgefühl

Es wurde schon darauf hingewiesen (s. S. 160), dass ich als auftretender Künstler den Raum, den ich betrete, in allen seinen drei Dimensionen ausfüllen muss, dass ich von ihm Besitz ergreifen muss. Als Beispiel eines „Ankers", den man ein Leben lang nicht vergisst, sei die Bemerkung eines Nichtmusiker-Freundes des Autors bei einem Konzert während der Studentenzeit erwähnt: „Du kamst auf die Bühne, als ob dir dieser Laden hier gehörte!" Dieser „Anker" wirkt heute noch, Jahrzehnte später.

Das Besitzergreifen des Raumes hat eine besonders beruhigende und aktivierende Wirkung. Studenten berichten, dass sie nach szenischen Improvisationsübungen mit der Ausrichtung des Bewusstseins auf den Raum, d.h. Sketches mit körperlich-gestischer Darstellung, beim nächsten Vorspiel mit einer vorher kaum gekannten Sicherheit und Ruhe auftraten. Die Besitzergreifung des Raumes erhöht auch das Gespür für die in diesem Raum anwesenden Menschen, für die Gemeinsamkeit des künstlerischen Erlebens und schließlich für die Rückkopplung des Tuns in einem Kreislauf von Geben und Nehmen zwischen Akteur und Publikum. Die Idee „Kommunikation statt Konfrontation" wird durch den Gedanken des mir und dem Publikum gemeinsamen Raumes deutlich.

4. Mimik und Gestik

Ein Unterhaltungskünstler wie etwa Michael Jackson, den man ja wirklich als „Super-Profi" in Sachen Showbusiness bezeichnen kann, plant und übt seinen Auftritt bis ins kleinste Detail, bis hin zu feinsten Ausdrucksbewegungen in Mimik und Gestik. Nichts bleibt dem Zufall überlassen und doch wirkt alles eigenartig spontan. Planung des Auftritts und Wirkung von Spontaneität sind offensichtlich keine Widersprüche.

Man kann sich als „seriöser" Musiker über eine solche Auftrittsplanung mokieren, aber es muss doch jeder einräumen, dass die Wirkung unabweisbar ist. Wir haben nicht die Wahl, Schauspieler zu sein oder nicht, wir haben nur die Wahl, gute oder schlechte Schauspieler zu sein.

Ein Spieler, dessen Gang zum Platz auf dem Podium einem Gang zum Schafott gleicht, signalisiert, dass er nicht gewillt oder fähig ist, die Situation in die Hand zu nehmen. Der Gesichtsausdruck des Spielers kann durchaus ernst sein, aber eine depressive Miene verspricht keinen scharf profilierten Vortrag, bekundet Angst vor Versagen, zeigt vielleicht sogar ein schlechtes Gewissen wegen ungenügender Vorbereitung und kann dadurch indirekt die Wahrnehmung und damit sogar die Beurteilung des Hörers beeinflussen.

Es lohnt sich, Auftrittsübungen vor Zuschauern durchzuführen. Ich spüre selbst sehr schnell, ob diese Phase meines Auftritts gelungen oder misslungen ist, ob die Schritte holprig, ob sie elastisch sind, ob ich die Richtung meines Gangs zu meinem Platz einige Male korrigieren muss, ob meine Hände wissen, wo sie hingehören oder hilflos am Körper baumeln, ob mein Gesichtsausdruck dem Anlass entspricht.

Die Chance des souveränen Auftritts sollte man planen, nicht verschenken! An amerikanischen Musikhochschulen ist das Auftrittstraining ein fester Bestandteil des Musikstudiums – nicht nur für Opernsänger, sondern auch für Instrumentalisten.

Fazit

- Schon der äußerliche Auftritt (Haltung, Mimik, Gestik) sendet wichtige Signale an den Hörer bzw. Zuschauer. Diese Chance sollte man einplanen, nicht verschenken!
- Auftreten kann – und soll – man üben.
- Lockerheit und Spannung bedingen einander. Daher: „Lockerheit" durch Spannung!
- Äußere Haltung entspricht innerer Haltung.

II. Während des Spiels

1. Selbstlob

Auf den Wellencharakter des Lampenfiebers wurde schon hingewiesen. Im Allgemeinen ist das Lampenfieber direkt vor dem ersten Einsatz oder vor dem ersten Solo wohl am größten. Es gibt Messungen des Pulsschlags von Orchestermusikern, die belegen, dass der Erregungszustand direkt vor einem Solo tatsächlich seinen Spitzenwert erreicht. Nach den allerersten Tönen ist es für den Spieler hilfreich, einen kleinen „Blitzmonolog" zu führen, der das Funktionieren aller wichtigen Bewegungen bestätigt: „Es geht doch! Das war aber eine schöne Tonverbindung, eine gelungene Phrase! Nun kann ich mir eine noch intensivere Gestaltung leisten!" Ein geradezu „therapeutischer Egozentrismus" kann in diesen Situationen nicht schaden. Man sollte sich rechtzeitig daran gewöhnen, sich bei besonders geglückten Passagen ein „gesundes Eigenlob" zu genehmigen, schon beim Üben, aber erst recht beim Auftritt.

Bescheidenheit hat in einem Konzert keinen Platz. Bescheidenheit bedeutet, sich unterzuordnen, sich unauffällig zu machen (auch in Bezug auf Körperbewegungen), sich zurückzuziehen, anderen den Vortritt zu überlassen, wenig Platz zu beanspruchen, um niemanden zu stören. In einer Konzertsituation sind diese Haltungen schon von der Konstellation her unangebracht. Es gilt hingegen:
- Ich ordne mich nicht unter, sondern bestimme den Zustand meiner Hörer.
- Ich mache mich nicht unauffällig, sondern arbeite ganz intensiv und bewusst mit dem Spiel der wechselnden „Auffälligkeiten", die den Hörer zum Nachvollziehen meines Spiels zwingen.

- Ich ziehe mich nicht zurück, sondern stelle mich zum Erreichen meiner künstlerischen Ziele bewusst ins Rampenlicht.

In einem solchen Zustand kann ich das Konzert und sogar das Lampenfieber selbst als eine Herausforderung ansehen und akzeptieren. Diese Herausforderung heißt „Kommunikation". Ich rufe innerlich ins Publikum: „Hört mal alle her: Versteht ihr auch, was ich mit meiner Musik sage?" – Stattdessen dominiert bei vielen Spielern, verstärkt durch das Lampenfieber, die zweifelbehaftete Frage: „Findet ihr mich gut genug?"

Auf Gelungenes darf ich stolz sein. Dieser Stolz überträgt sich auf mein Publikum als ein Gefühl von Deutlichkeit, von Unmissverständlichkeit meiner künstlerischen Darstellung. Eigene Zweifel erzeugen auch im Publikum Zweifel. Das Publikum verzeiht eher einen kleinen Ausrutscher als Langeweile oder Unklarheit meiner Absichten. Ein von mir interpretiertes Werk muss meine eigene Handschrift tragen. Eine nicht ganz persönlich „verstandene", nicht wirklich interpretierende Darstellung bleibt unklar und langweilt deshalb das Publikum. Wenn ich den Eindruck vermittle, dass ich mir selbst keine genaue Vorstellung davon gemacht habe, warum der Komponist diese Musik komponiert hat oder komponiert haben könnte, kann ich nicht hoffen, dass mein Publikum es wissen wird.

Einen Fehler sollte ich mir – wie bereits erwähnt – sofort verzeihen. Ich kann ihn ohnehin nicht mehr „reparieren"; er ist zusammen mit der Musik schon Vergangenheit geworden. Kommentiere ich ihn womöglich noch durch Mimik und signalisiere damit, dass ich aus der Fassung gebracht wurde, übertrage ich genau dieses Gefühl auf meine Hörer – und in den Fortgang meines Spiels. Sich selbst Fehler zu verzeihen, muss und kann man schon beim Üben erlernen, z.B. durch Weiterimprovisieren nach einem Gedächtnisfehler (s. S. 111).

2. Die Macht des Musikers

Aus der Kommunikationshaltung „Hört mal alle her!" erwächst ein Gefühl der Macht über meine Zuhörer. Jeder Einzelne ist eigentlich in mein Konzert gekommen, um sich vorübergehend unter meinen Einfluss zu stellen, sich von mir, überspitzt ausgedrückt, „seelisch manipulieren" zu lassen. Dieses Machtgefühl darf ich genießen. Ich habe die Möglichkeit, meinen Zuhörer – bis hin zu körperlichem Mitschwingen – durch meine Interpretation zu beeinflussen. In F. Schuberts *Musensohn* heißt der Goethesche Text: „Das steife Mädchen dreht sich nach meiner Melodie!"

Hierbei gibt es einen subtilen, aber wichtigen Aspekt: Verwende ich meine Macht dazu, mein Publikum durch die Musik künstlerisch zu beeinflussen (wobei die Gemeinsamkeit des Erlebens im Vordergrund steht) oder missbrauche ich sie, indem ich versuche, das Publikum von mir zu beeindrucken (wobei ich die Musik nur als Vehikel für meine Selbstbestätigung verwende)? Der Versuch zu beeindrucken, mag gelegentlich gelingen, doch entsteht dadurch statt einer Gemeinsamkeit mit dem Publikum eine Front zwischen uns, was für die Bewältigung des Lampenfiebers keine gute Voraussetzung ist. Zusammen mit dem Publikum bin ich stark; gegen das Publikum bin ich eher schwach.

Es hilft mir auf dem Podium zu wissen, dass ich die Macht habe, einzelne Menschen zu bewegen – in jeder Bedeutung des Wortes. Dabei muss ich das „emotionale Heft" in der Hand behalten. Es muss Kontrolle und innere Distanz übrig bleiben, wenn ich, auf der Grundlage meiner Kenntnis von ästhetisch-musikalischen Wirkungen, noch Regie führen will. W.A. Mozart meinte: „Das Publikum soll ja weinen, nicht ich!"

Wenn ich wahrnehme, dass meine Hörer auch nur in feinster mimischer Resonanz mitschwingen, habe ich gewonnen.

Und genau das sollte ich auch anstreben[7]. Das Gegenteil zur Ausübung dieser legitimen Macht wäre eine Verteidigungshaltung, die in erster Linie darauf abzielt, dass „nichts passiert". Dieses Wort ist in seiner Doppelbedeutung fatal, denn es passiert bei dieser Einstellung auch beim Hörer nichts.

3. Der Dialog mit dem Publikum

Der Künstler, der aufs Podium geht, tritt zwangsläufig in einen Dialog mit dem Publikum. Die „Regie" der jeweiligen Musik bestimmt ganz konkret die Art des Kontakts zwischen Spieler und Hörer. Bei einer „einschmeichelnden" Melodie will ich mich beim Hörer einschmeicheln, ihn verführen, bei einer aggressiven Stelle greife ich ihn an, bei einer grotesken Intervallfolge will ich ihn verblüffen, will ihm ein Rätsel aufgeben, will ihn täuschen, will bei ihm die von mir aufgebaute Spannung in der Reprise wieder lösen. Bei einer nach innen gewandten, nachdenklich-lyrischen Passage, bei der ich selbst nach innen spiele, lade ich ihn ein, zu mir zu kommen.

Die Darstellung des jeweiligen „Affekts" sollte auch ihre adäquate äußere Entsprechung haben, ihr zumindest nicht widersprechen. Diese Übereinstimmung zwischen den „Gebehrden" und der erklingenden Musik meinte C.Ph.E. Bach bei seiner kritischen Bemerkung über den „holzgeschnitzten" Spieler (S. 108).

Regie in der Interpretation beschränkt sich also nicht auf meine privaten inneren psychischen Prozesse beim Spiel. Zusätzlich zu meinem inneren „Regelkreis der Phantasie", der durch meine Assoziationen und Bewegungen verstärkt wird,

---

[7] In diesem Zusammenhang ist es vielleicht erwähnenswert, dass das Wort „Spiel" in seiner ursprünglichen etymologischen Bedeutung „Tanz, Bewegung" bezeichnet, was es ja im technischen Bereich auch heute noch bedeutet, wenn man vom „Spiel" zwischen zwei locker verbundenen mechanischen Werkteilen spricht.

entsteht ein äußerer, größerer Regelkreis, der das Publikum einbezieht. In dem Moment, wo mir dies gelingt, habe ich auf dem Podium einen Zustand erreicht, bei dem ich das beglückende Gefühl habe, „es spielt mich".

Zu Beginn des Konzerts bin ich vielleicht noch zu sehr auf mich selbst zentriert. Diesem (möglichst) kurzen Zustand folgt ein Impuls zur „Flucht nach vorne", zur Kontaktaufnahme mit dem Publikum – weg vom Erstarrungsreflex des Lampenfiebers. Das System Künstler – Publikum übernimmt von da an fast als eine Art „Überperson" die Kontrolle über das Geschehen. Dieser Zustand, dass „es" spielt, wird von vielen Musikern als das Beglückende des Konzertierens beschrieben, als das Wesen geglückter musikalischer Kommunikation.

4. Lauschen

Jeder Instrumentallehrer hat seinen Schülern Dutzende von Malen empfohlen, sich doch selbst besser zuzuhören. Wirksames Sich-selbst-Zuhören heißt, einzelne Aspekte des eigenen Spiels auch vorübergehend getrennt zu belauschen, also etwa den Rhythmus oder die Klangqualität oder die Intonation oder einzelne Tonverbindungen. Lauschen hat aber auch noch eine andere Bedeutung: Intensives Lauschen beeinflusst direkt die Spielhandlungen.

Der Neurophysiologe Eckart Altenmüller hat nachgewiesen, dass diejenigen Areale im Gehirn, die bei intensivem Lauschen auf die selbst gespielte Musik erregt sind, zum Teil die gleichen sind, die auch für die auslösenden Handlungen zuständig sind. Ich kann also sagen, dass ich dadurch, dass ich meine eigene Musik intensiv belausche, bereits die Bewegungen fördere, auf deren Resultate ich höre! Klassisches Beispiel: Wenn ein Lehrer einen Schüler dazu bringen will, einen Ton „besser" zu Ende klingen zu lassen, sollte er dem Schüler nicht sagen: „Tu dies oder tu jenes", sondern ihn einfach auffordern, sich selbst zu fragen, wie er den Ton ausklingen lassen möchte. Auch Fragen sind seelische Prozesse: In einer ästhetischen Frage liegt unausweichlich bereits eine Antwort.

Auf dem Podium kommt es zuallererst auf den Zustand des Spielers an. Das Lauschen auf die eigene Musik koordiniert meine Bewegungen auch und gerade beim Konzert viel besser, als wenn ich mir „mit eisernem Willen" irgendetwas Bestimmtes, z. B. eine konkrete Bewegung, vornehme. Auf der Basis guter Vorbereitung kann ich auf diesen psychophysischen „Mechanismus" genauso bedingungslos vertrauen wie auf andere ohne meinen Willen ablaufende Körperfunktionen. Gerade im Zusammenhang mit dem Lampenfieber kann man also vereinfacht sagen: „Lauschen entspannt, Wollen verspannt."

Handelndes Lauschen ist ein Schlüssel zum erfolgreichen Umwandeln des Lampenfiebers in kreative Energie. Ich kann lernen, meine Aufmerksamkeit in diese Richtung zu lenken („wie klingt es?"), weg von der vielleicht zweifelnden Frage nach meinen eigenen Qualitäten und den unterstellten kritischen Wünschen des Zuhörers.

5. Sensibilisierungsbewegungen

Um meinen optimalen „Arbeitszustand" auch unter Lampenfieber auf dem Podium zu erreichen, kann ich einige Hilfsmittel einsetzen. Es gibt bekanntlich keine unmittelbar wirkenden Psychotricks, um den das Lampenfieber erzeugenden Adrenalinausstoß zu stoppen. Als wichtige Option stehen mir jedoch, selbst in einer als schwierig erlebten Situation, immer noch meine willkürlichen Körperbewegungen zur Verfügung.

So kann ich z. B. einen freien Einsatz durch eine vorauslaufende Körperbewegung harmonisieren: etwa durch ein sanftes Hin- und Herdrehen des Kopfes, ein leichtes Kreisen oder Schwanken des Rumpfes, durch alternierende Belastung der

Beine oder (beim sitzenden Spieler) der beiden Sitzknochen. In der bekannten Atemschule von Schlaffhorst-Anderson werden diese Bewegungen im Sinne einer Harmonisierung des ganzen Körpers gelernt. Die Muskulatur wird durch die dauernde sanfte „Neuorientierung" wach und flexibel gehalten, was mit einem guten Gefühl für die nötigen „reinen" Funktionsbewegungen am Instrument einhergeht. Diese Bewegungen – man kann sie als Sensibilisierungsbewegungen bezeichnen – stehen immer zur Verfügung!

Die Natur hat unsere Gelenke zur Bewegung eingerichtet. Wenn ein Gelenk nicht bewegt wird, d.h. wenn die es bewegenden Muskeln nicht ununterbrochen ein bisschen verlängert oder verkürzt werden, wenn wir uns also insgesamt zu wenig oder – in manchen Gelenken – gar nicht bewegen, treten Probleme auf.

Unbewegte Gelenke
- tendieren dazu, „festzuzurren", sich also zu verspannen; deren Muskeln werden schlechter durchblutet und können Nachbargelenke blockieren.
- senden viel weniger Informationen ans Gehirn als bewegte. Das Gehirn benötigt diese Informationen, um präzise Spielbewegungen zu erzeugen.
- neigen dazu, bei Lampenfieber leichter zu zittern als bewegte.
- drohen, sich der willkürlichen Kontrolle zu entziehen. Man fühlt sich unter dem Zwang, etwas „nicht machen zu dürfen" oder schlimmer: etwas „machen zu müssen, was man nicht will, aber nicht mehr ändern kann" statt „machen zu dürfen, was man will".

Unbeweglichkeit fördert Angst und Angst fördert Unbeweglichkeit – ein Kreislauf, den wir beeinflussen können, indem wir auf der Bewegungsseite willkürlich eingreifen. Man sagt „starr vor Angst". Diese Beobachtung lässt sich umkehren: „bewegt ohne Angst!"

Sensibilisierungsbewegungen können überall im Körper stattfinden, denn unser Gehirn baut aufgrund der eingegangenen Meldungen unsere Bewegungen blitzschnell auf. Im Körper ist alles vernetzt: Eine Bewegung an einer Stelle erzeugt eine Bewegung an vielen anderen Stellen. (Erinnert sei an das Beispiel des Mobiles, bei dem sich – wenn ein einziges Teil bewegt wird – sowohl das Ganze als auch jedes Einzelteil bewegt.) So entstehen z.B. durch veränderte Fingerbewegungen Änderungen in der Schultermuskulatur, die sehr gering sein können und doch als Empfindungsänderungen deutlich wahrgenommen werden.

Wichtig: Gedacht ist hier nicht an große Bewegungen, denn diese würden reflektorisch an anderen Körperstellen ungewollte Fixierungen und Verspannungen zur Aufrechterhaltung des Körpergleichgewichts erzeugen. So kann z.B. ein extremes Schwanken des Rumpfes zwangsläufig die ganze Wirbelsäule erstarren lassen. Es geht hier vielmehr um möglichst viele kleine Bewegungen im ganzen Körper, also um eine völlige „Durchlässigkeit" der Bewegungen. Manche berühmten Interpreten, die im Laufe ihres Lebens den Gesamtambitus ihrer Bewegtheit reduziert haben, nicht aber ihre universelle Bewegtheit selbst, werden oft irrtümlich – mangels genauer Beobachtung – als Beispiele für größtmögliche Bewegungslosigkeit herangezogen (z.B. C. Arrau, V. Horowitz, D. Oistrach, J. Heifetz).

Aus Unkenntnis der Vernetztheiten im Körper empfehlen manche Pädagogen „Bewegungsökonomie" – noch bevor ein Student seinen Körper überhaupt als „durchlässig" für fließende Bewegungen kennen gelernt und erlebt hat. Nur für den Roboter, nicht aber für den Menschen gilt: je weniger Bewegung, desto besser!

Ein Beispiel: Ein Symptom des Lampenfiebers ist häufig das Zittern, ein bei Streichern besonders gefürchtetes Phänomen. Dieses Zittern ist im Zustand des Lampenfiebers keinerlei direkter willkürlicher Maßnahme zugänglich. Es ist sogar so, dass der Bogen umso mehr zittert, je mehr ich versuche, das Zittern durch Konzentration auf einen „ruhigen" Bogenstrich zu unterdrücken. Ein Trost: Meistens ist es in wenigen Metern Abstand kaum noch oder gar nicht mehr zu hören oder zu sehen.

Es gibt allerdings einige indirekte Maßnahmen, die dem Zittern, nachdem ich den Zustand prinzipiell akzeptiert habe, entgegenwirken können. Da ist z.B. die vom autogenen Training bekannte Suggestion, sich die Gliedmaßen bzw. den gesamten eigenen Körper als sehr schwer vorzustellen. Auch den Kontakt der Füße zur Erde zu suchen, sich sozusagen zu „erden", bringt eine gewisse Ruhe selbst in einer mit Nervosität verbundenen Situation.

Außerdem habe ich auch bei extremem Lampenfieber immer noch die Option, schnelle, zitterfreie Körperbewegungen willkürlich auszuführen. Ein Beispiel: Schnelle Bewegungen, etwa ein mit Schwung auf eine Tafel gemalter Kreidestrich, erzeugen auch in einem Zustand von Nervosität keinerlei zittrige Unebenheiten. Versuche ich nun langsam einen parallelen Strich auf die Tafel zu malen, wird dieser unweigerlich unruhig und verzittert.

Diesen Sachverhalt kann ich durchaus für eine Maßnahme im Zusammenhang mit dem Bogenzittern verwenden: Wenn ich z.B. den Bogen in kleinen, willkürlichen Wellenbewegungen (winzigen periodischen Unterschieden in der Bogengeschwindigkeit) führe, die akustisch und optisch als solche vielleicht überhaupt nicht wahrnehmbar sind, dann verschwindet das unangenehme Zittern in den allermeisten Fällen augenblicklich. Ich habe damit meine Nervosität nicht abgestreift, sondern „unterlaufen"! Ich kann beobachten, wie eine willkürliche Aktion wie die Wellenbewegung das unwillkürliche „Zittern", das natürlich besonders bei langen, langsamen Bewegungen auftaucht, ersetzt.

Dadurch handle ich mir sogar noch einen ästhetischen Vorteil ein: Ein Bogenstrich mit einem so gut wie unhörbaren Bogenvibrato wird quasi „mit Energie aufgeladen". Er wirkt intensiver als ein völlig gleichmäßiger Bogenstrich. Es ist sinnvoll, sich dieses Verhalten schon beim Üben anzueignen. Jeder einigermaßen erfahrene Streicher ist nach wenigen Versuchen in der Lage, eine solche Wellenbewegung auszuführen. Sie kann sowohl ausschließlich durch unterschiedliche Bogengeschwindigkeit erzeugt werden, die dem Auge verborgen bleibt, als auch durch eine kleine wellenförmige Handgelenkbewegung, die kaum sichtbar oder zumindest nicht störend ist und winzige wellenförmige Druck- und Geschwindigkeitsunterschiede erzeugt. – Das „Unterlaufen" des Zitterns durch kleine willkürliche wellenförmige Hand- und Armbewegungen bietet sich eigentlich auf allen Instrumenten an, selbst dort, wo das Zittern nicht klanglich wie beim Streicher in Erscheinung tritt.

Andere Bewegungen, dies wurde schon erwähnt, wirken ebenfalls den Folgen des Lampenfiebers entgegen. Auch da, wo sie rein mechanisch-funktionell überflüssig wären, erzeugen sie „künstliche Ruhe durch Bewegung". So lässt sich der Satz formulieren: Ruhe kann entstehen durch kontrollierte Unruhe – als Gegenmittel gegen unkontrollierte Unruhe!

Eine ähnliche Paradoxie finden wir im Bereich von Spannung und Entspannung (s. S. 208). Manchmal ist es sogar während des Spiels sinnvoll, eine absichtliche Spannung herbeizuführen, sei es, um extreme rhythmische Genauigkeit zu erreichen (Beispiel: Oberarmspannung bei Martellato-Achteln), sei es, um – ausgehend von einem gezielt erhöhten Spannungszustand – die Muskeln anschließend schnell zu entspannen und innerhalb dieser „Entspannungskurve" dann umso „lockerer" eine schwierige Passage anlaufen lassen zu können. „Lockerheit" entsteht nicht durch den verzweifelten Vorsatz, doch endlich locker zu werden, sondern im Spiel von

Spannung und Entspannung, also einer willkürlichen Muskelaktivität, die nicht direkt eine Funktion für das betreffende Instrument hat.

6. Ausdrucksbewegungen

Musik ist Bewegung. Musikalischer Ausdruck ist immer auch Bewegungsausdruck, und zwar des ganzen Menschen. Vor der Entwicklung der Sprache und der Musik haben Menschen sich per Körpersprache ausgedrückt und verständigt. Ich muss mich also zunächst als Körper akzeptieren und meinen musikalischen Ausdruck in meinem Körper empfinden und – als Musiker – auch darstellen.

Körperausdruck hat mehrere Bedeutungen, auch in Bezug auf das Lampenfieber: Ich habe die Wahl, diesen Ausdruck in meine Darstellung mehr oder weniger oder überhaupt nicht einzubeziehen.

Bewegter Körperausdruck
- verstärkt meine eigenen musikalischen Empfindungen (C. Ph. E. Bach!) durch Rückkopplung der Empfindung dieser Bewegung an meine musikalische Phantasie;
- verhindert Bewegungsstagnation, fördert insofern die technische Sicherheit meiner Bewegungen;
- kanalisiert und präzisiert die spezifischen musikalischen Befindlichkeiten, die ich darstellen will;
- verstärkt die Kommunikation mit dem Hörer, der im Konzert auch Zuschauer ist.

Es ist selbstverständlich nicht gleichgültig, welche Art von Ausdrucksbewegungen beim Spiel entstehen. Sie müssen aus der Musik hervorgehen und in die Musik zurückführen.

Auch der Gesichtsausdruck, die Mimik, ist Körperausdruck. Im eigenen und fremden Gesichtsausdruck erlebt jeder das Muskelspiel des Gesichts und seine emotionale Entsprechung. Auf die Bedeutung der Mimik beim Auftritt auf die Bühne wurde bereits hingewiesen. Man kann lernen, beim Spiel die Mimik dem Ausdrucksgehalt der Musik völlig zwanglos anzunähern, mit dem einfachen Vorsatz, im Gesicht „entspannt" zu zeigen, was man fühlt, und dieses Gefühl quasi „schamlos" – im eigentlichen Wortsinne – nach außen durchscheinen zu lassen.

Ein eingefrorener Gesichtsausdruck tendiert dazu, auch Gefühle einfrieren zu lassen. Ein „lebendiger" Gesichtsausdruck kann durch eine kaum wahrnehmbare, unaufdringliche Bewegung der Gesichtsmuskulatur hervorgerufen werden, fernab jeglicher künstlichen „Grimasse", die lächerlich wirken und vom Zuschauer auch sofort durchschaut und abgelehnt würde.

Im Gesichtsausdruck zeigt sich, ob der Künstler nur für sich selbst, „defensiv", oder aber für das Publikum spielt. Der Gesichtsausdruck verwendet alle Gesichtsmuskeln, auch die Augenmuskulatur, ohne dass das Muskelspiel willkürlich „aufgesetzt" würde; der Ausdruck ergibt sich durch die Vorstellung. Winzige Änderungen in der Gesichtskonstellation werden von anderen Menschen „verstanden", oft viel besser als gesprochene Worte, mit denen man leichter lügen kann als mit der Körpersprache. Wunderschöne Beispiele der Identität von musikalischem Ausdruck und Ausdrucksbewegungen sind die Bewegungsweisen einer Sängerin wie Jessye Norman oder eines Geigers wie – des querschnittsgelähmten! – Yizhak Perlman, bei denen sich ihre musikalische Emotionalität im Minenspiel widerspiegelt.

Auch der auf Seite 112 erwähnte „unscharfe Sprechgesang" gehört im weitesten Sinne zu diesem mimisch-gestischen Ausdrucksverhalten; er kann in der künstlerischen Arbeit als wichtige unterstützende Ausdrucksschiene verwendet werden. Der spielerisch geübte Sprechgesang besteht aus Konsonanten und ungefähren Vokalen. Er ist meiner „eigentlichen" Vorstellung einer Musik besonders nahe, meist zunächst sehr viel näher als das „schwierige" Instrumentalspiel mit seinen jeweils spezifischen Anforderungen. Er kann sogar auf dem Podium, in der Vorstellung, halbbewusst zu meinem Spiel parallel laufen und den von mir intendierten Ausdruck unterstreichen. Gleichzeitig stellt er einen stabilisierenden Faktor ersten Ranges dar: Bei einem solcherart intensivierten Ausdrucksverhalten hat das Lampenfieber nur eine geringe Chance, meine musikalische Vorstellung zu behindern.

Der sinnvollen, willkürlichen Verwendung von Ausdrucksbewegungen stehen einige ideologische Hindernisse im Wege. Da ist zunächst die schon erwähnte Bewegungsökonomie, die besagt, wir sollten uns so wenig wie möglich bewegen, da Bewegung Energie verbrauche. Hierbei wird vergessen, dass eine statische Haltung viel mehr Energie verbraucht („unökonomische" Halteenergie durch die Muskulatur) als eine fließende Bewegung.

Insofern kann man nicht deshalb schon von einer „unnötigen" Bewegung sprechen, nur weil sie im rein funktionalen Sinne keine Bedeutung hat. Im vernetzten System des menschlichen Körpers können Bewegungen sinnvoll, ja wichtig sein, die keinerlei mechanische Beziehung zum Instrument zu haben scheinen. Ein Beispiel: „Funktional" oder „bewegungsökonomisch" betrachtet müssten die Finger der linken Hand eines Streichers so weit als möglich liegenbleiben, was auch in alten Schulen noch gefordert wird. Physiologisch betrachtet und vor allem im Sinne einer „Ausdrucks-Choreographie der Hand" ist es häufig aber viel sicherer und musikalisch kontrollierbarer, „Klavier zu spielen", also die Finger aufzuheben, obwohl man ihnen diese „Arbeit", rein mechanistisch gesehen, ersparen könnte. Die Bewegung des Aufhebens sensibilisiert aber die Finger, was gleichbedeutend mit einer besseren, präziseren Spielfunktion ist.

Sogar im Atem finden wir Elemente einer Ausdrucksbewegung. Wenn ich mich in meinen Ausdrucksbewegungen der

Musik angleiche, um sie dem Hörer verständlich zu vermitteln, muss der Atem in diesen Prozess einbezogen werden. Beim Bläser spielt der Atem als Tonerzeuger natürlich eine andere Rolle als beim Nichtbläser. Dies bedeutet nun nicht, dass ich während eines Konzerts oder beim Üben meinen Atem andauernd bewusst wahrnehmen und kontrollieren müsste oder gar den Ein- und Ausatem wie einen Auf- und Abstrich beim Streicher festlegen sollte. Bei Streichern hat es verschiedene Versuche gegeben, den Atem während des Spiels im Sinne von „ein – aus" bewusst zu regulieren, die sich aber allesamt kaum als sinnvoll erwiesen. Der Atem funktioniert ohne das Bewusstsein, er kann aber innerhalb gewisser Grenzen als dynamisch-agogisches Gestaltungsmittel willkürlich eingesetzt werden. Die Hektik bei Einsätzen nach Pausen, die Ungeduld beim Verkürzen von Punktierungen, die man so häufig erlebt, gehen fast immer mit einem zu flachen Atem einher, bei dem nicht genügend ausgeatmet wird. Vor allem bei Übergängen und Pausen kann der „dirigierende Atem" durch vorübergehendes Bewusstmachen die dynamische und agogische Steuerung organisch unterstreichen.

Musikalischer Ausdruck ist immer auch Ausdrucksbewegung. Unterdrückung von Ausdrucksbewegungen unterdrückt Ausdruck. Ausdrucksbewegungen, ob bewusst oder unbewusst eingesetzt, wirken deshalb dem Lampenfieber entgegen – sie begleiten und unterstützen die „Flucht nach vorn". Wie bei allen menschlichen Lebensfunktionen gibt es natürlich für jeden einzelnen Menschen ein individuelles, auch jeweils situationsbezogenes Optimum. „Je – desto" kommt im menschlichen Leben eigentlich bei keiner Funktion vor. Dies gilt auch für Ausdrucksbewegungen!

Fazit

- Kleine Pausen zum Durchatmen – vor allem Ausatmen – verwenden!
- Lampenfieber tendiert dazu, natürliche Ausdrucksbewegungen schrumpfen zu lassen. Andererseits kann man gerade auf dem Podium auch bei großer Anspannung immer noch willkürliche Bewegungen machen. Deshalb: Keine Scheu vor Ausdrucksbewegungen!
- Das Gleiche gilt für eine aus der Musik kommende Mimik. Man kann die musikalischen Empfindungen nach außen im Gesichtsausdruck durchscheinen lassen!

Schlussbemerkung

Zusammenfassend ist festzustellen, dass eine gedankliche Aufarbeitung des Lampenfiebers zu einer Neubewertung dieses allen Menschen bekannten Phänomens führen kann, durch die es zwar nicht „weggeblasen" ist, durch die es aber als ein für künstlerischen Fortschritt, für künstlerische Höchstleistungen unabdingbares, zur gestaltenden Persönlichkeit gehörendes Gefühl erkannt und akzeptiert wird. Wer nichts zu sagen hat, hat kein Lampenfieber!

Lampenfieber entsteht normalerweise nur im Zusammenhang mit anderen Menschen, mit denen z. B. in einem Konzert eine kommunikative Beziehung herzustellen ist. Das Gefühl des Isoliertseins, der Einsamkeit durch das Lampenfieber kann durch das Wissen um seine Allgemeingültigkeit in ein Gefühl von großem Konsens verwandelt werden, mit der Gewissheit, in vielen, vielleicht in den meisten meiner Zuhörer eine auf mich selbst zurückstrahlende Resonanz zu erzeugen – ein Glücksgefühl, das nur über das „Durchstehen" des Lampenfiebers entstehen kann.

Anhang

Checkliste: Was ist bei einem Probespiel zu beachten?

Langfristige Vorbereitung

- Das Programm mindestens dreimal, lieber aber sechsmal vor Freunden oder im Hauskonzert spielen!
- Grundsätzlich sollten zumindest alle Satzanfänge eines Konzerts gut vorbereitet werden.
- Einsätze müssen absolut sicher sein. Den genauen rhythmischen Zeitpunkt auf jeden Fall auszählen. Die Begleitung muss gegebenenfalls vollkommen bekannt sein. Wer einmal falsch einsetzt, kann gleich „einpacken".
- Orchesterstellen vorher mit Tonträger (am besten verschiedene Aufnahmen) zusammenspielen, damit man weiß, was man spielt und den Zusammenhang kennt (Tempo, Ausdruck etc.).

Vor dem Probespiel

- Die Kleidung sollte nicht zu salopp sein, aber auch nicht „overdressed" (wirkt lächerlich)! Keine „asymmetrische" Kleidung (also ein Ärmel oben, einer unten) wählen. Schuhsohlen und auch die Kleidung müssen rutschfest sein (Sitz!). Keine klappernden Hemden- oder Manschettenknöpfe (lieber nach innen knöpfen!).

- Haare waschen – Friseur? Außen- und Innenwirkung berücksichtigen!
- Fingernagellänge und Fingerfeuchtigkeit (Creme, Hirschtalg) kontrollieren.
- Alle äußeren Bedingungen müssen optimal sein (Streicher: Bogenhaare, Kolophonium, quintenreine Saiten etc.).
- Das Instrument muss schön poliert sein. (Streicher: Saiten sprechen gut geputzt besser an. Feinstimmer ganz herausdrehen: Das vermindert die Stegbelastung, erleichtert die Ansprache und ermöglicht einen größeren Ton.)
- Nervositätskontrolle machen: Wenn nötig Betablocker einsetzen. Vorher mehrfach Medikament und Dosis testen und einen Arzt befragen: je weniger, desto besser!
- Gut ausgeruht zum Veranstaltungsort kommen. Mindestens eine Stunde vor Beginn da sein!
- Den Zeitpunkt des Auftritts genau vorausberechnen. Der Countdown ist wichtig (evtl. lieber zweimal nach genauem Zeitpunkt des Auftritts fragen!).
- Keine „ulkigen" Gags mitbringen: Pulswärmer, Maskottchen, komische Kissen, Stühle etc.
- Auf keinen Fall den anderen Kollegen (vorher) zuhören, wenn es irgend geht. Sie können alle spielen und jeder kann irgendein Detail besser als man selbst. Es lenkt nur ab und macht nervös.
- Gut einspielen: sehr laut (wegen der Kraft) und langsam. Keinesfalls schwere Stellen schnell „runterrasseln".
- Mehrere Male tief und langsam durchatmen (je zwölfmal in den Bauch)!

Auftritt

- Nicht schon auf dem Podium sitzen, wenn die Kommission kommt, etwa nach Kaffeepausen. Ein gut inszenierter Auftritt ist Teil des Erfolgs. Sich in keinem Fall vorher zusammen mit der Jury im Saal aufhalten.
- Keine plump vertraulichen Gespräche, schon gar nicht mit Mitgliedern der Kommission.
- Keine langen Erklärungen! Keinerlei Entschuldigungen vorbringen (Krankheit, keine Zeit, Zugverspätung etc. – nur in den allerkrassesten Fällen). Man könnte sonst jemanden auf falsche Ideen bringen!
- Selbstbewusst auftreten. Lieber ein bisschen schauspielern, auch wenn einem nicht danach zumute ist. Körpersprache kann Erfolg bestimmen, noch bevor ein Ton gespielt ist.
- Eher schnelle Schritte zum Platz machen!
- Saiteninstrumente: Nicht stundenlang auf dem Podium, sondern vorher genau stimmen! Wenn unklar ist, ob die Saite zu hoch oder zu tief ist (kommt oft vor, vor allem auf dem Podium!): Saite hörbar zu tief drehen, dann die Korrektur nach oben vornehmen.

Beim Spiel

- Freundliche Blicke zum Begleiter; nie böse, tadelnde oder ironische Blicke zu ihm, wenn er auch noch so schlecht spielt (die Jury hört so etwas auch). Bei allen Einsätzen, Ritardandi etc. deutli-

che (freundliche) Gesten zum Begleiter; das wirkt souverän.
- Unbedingt eigenes Tempo bestimmen (vorher kurz absprechen!), nie vom Begleiter bestimmen lassen, auch wenn es zunächst rhythmisch gewaltig klappert! Er wird es vermutlich bald verstehen. Das Nichtbestimmen des eigenen Tempos erzeugt unsicheres Spiel und vermittelt dazu noch den Eindruck von künstlerischer Unselbstständigkeit. Dieser Punkt hat schon manches Probespiel verdorben.
- Bei Cellisten: Stachel darf auf keinen Fall rutschen. Ein rutschender Stachel wirkt immer lächerlich; es ist oft das Einzige, was beim Hörer im Gedächtnis haften bleibt.
- Kein Stargehabe, also keine extremen Posen, z.B. ein in die Luft geschleuderter Arm, ein heldischer Gesichtsausdruck etc.
- Niemals kommentierende Grimassen, weder bei besonders gut gelungenen Stellen noch (erst recht nicht) bei Fehlern!
- Kein großes „Notentheater". Es wirkt unprofessionell, wenn man zwischen zwei Sätzen zehn Fotokopien umstellt, statt genau die Satzpausen (falls vorhanden) zu bestimmen. Niemals bei „Blätterstellen" eine Pause machen, etwa zwischen dem 1. und 2. Teil eines Bach-Satzes. Entweder auswendig oder ohne zu blättern spielen.
- Vor Einsätzen und beim Spielen: Lieber große statt kleine Bewegungen ausführen (ohne „affig" zu werden!). In Pausen und auf langen Noten kleine beruhigende Gleichgewichtsbewegungen machen

- (Körper ein bisschen drehen, ganz leicht schwanken).
- Den Raum voll zur Kenntnis nehmen! Töne in den Raum spielen, im Raum verklingen lassen. Auf Resonanz und Echo lauschen!
- Viel Zeit lassen: Bei Nervosität spielt jeder schneller und setzt früher (zu früh!) ein.
- Bei kurzen Gesprächen während der Probespielveranstaltung laut und eher ein bisschen übertrieben artikuliert sprechen; auf Körpersprache achten (Kopf, Schultern)!
- Zu Fragen nach dem Repertoire immer „ja" sagen. Zumindest Satzanfänge (z.B. 2. und 3. Satz eines Repertoirekonzerts) muss man spielen können.

Nach dem Probespiel

- Möglichst das Gespräch mit einem Kommissionsmitglied suchen: Das liefert wichtige Informationen in Bezug auf die eigene Wirkung für das nächste Mal.

Der Kenner

Wir spielten kürzlich wieder hier
Musik für Cello und Klavier.
Auch trafen wir hier einen Herrn,
Musik, so schien es, hatt' er gern.

Er war wohl einer von den Leuten,
die ihrer Umwelt viel bedeuten.
Zu geben dem Konzert die Weihe,
setzt er sich in die erste Reihe.

Kaum, dass die ersten Töne fielen,
seh ich ihn mit dem Bleistift spielen.
Auch freut mich das Papiergekneter!
(Der Abstand ist grad mal zwei Meter.)

Bei einem zarten Celloton
packt ihn die Inspiration
und er beginnt sogleich zu schreiben.
(Der Künstler denkt: Ach, ließ er's bleiben!)

Auf einen Körper, welcher schreibt,
der Geist nicht ohne Wirkung bleibt:
Sobald der Genius sich regt,
sich auch der Körper mitbewegt.

Der Geist hat ihn scheint's in den Krallen,
denn er droht fast vom Stuhl zu fallen.
Und während wir hier Schumann spielen,
folgt dieser Geist ganz anderen Zielen.

Der Kenner

Es will uns einfach nicht gelingen,
dass er uns zuhört, ihn zu zwingen.
Verdrossen streich ich meine Takte,
ich glaube gar, er zeichnet Akte.

Ich lass mich von dem Kerl nicht stören!
(Schon war ein falscher Ton zu hören.)
Vielleicht will er mich porträtieren?
(Ich darf den Faden nicht verlieren!)

Jetzt denke ich, schon ziemlich böse,
dass er wohl Kreuzworträtsel löse.
Ich werf ihm einen bösen Blick –
doch damit hab ich auch kein Glück.
Er glaubt, dass ich ihn noch ermutig!
(Dem Kerl schlag ich die Fresse blutig!)

Vielleicht ist's gar der Kritikaster,
der mich beschimpft ob meiner Laster
und mich, schließt man aus seinen Blicken,
gleich wird wie einen Wurm zerdrücken.

Was er da schreibt – ich muss es wissen!
(Mein Spiel ist heute eh'r bescheiden.)
Ich weiß nicht, was wir heut vermissen –
die Musen scheinen uns zu meiden!

Jetzt wippt er eifrig mit den Zehen,
damit auch alle deutlich sehen,
wie ungestüm sein Temperament,
und dass er auch den Rhythmus kennt.
Er wippt und wippt, mal leicht, mal schwer,
und stets ein Achtel hinterher.

Nach dem Konzert in froher Rund'
tut er voll Stolz den Künstlern kund,
was beim Konzert so in ihm gor
und ein Gedicht trägt er uns vor.

Von Dichter und Gedicht, den beiden,
zeigt sich das letztre recht bescheiden:
„Der Bartók", reimt er, „klingt wie Katzen,
tritt ihnen man auf Schwanz und Tatzen."

Wenn ich bedenk', wie er die Muse
beschwor mit Händen, Kopf und Fuße,
wie er der Kunst des Dichtens frönte,
als unsere Musik ertönte!

Wer der Musik sich öffnet, heißt es,
den führt sie in die Welt des Geistes.
Wenn Berge für dies Mäuslein kreißen –
ich könnt mich in den Hintern beißen,
dass ich von diesem Geistesriesen
fast ließ mir das Konzert vermiesen!

Literaturhinweise

Bernstein, Seymour: *Mit eigenen Händen*, Mainz 1981 (Schott Musik International)

Csikszentmihaly, Mihaly: *Flow. The Psychology of Optimal Experience*, New York 1991 (Harper Perennial)

Green, Barry / Gallwey, Timothy W.: *Der Mozart in uns*, Frauenfeld 1993

Havas, Kato: *Stage Fright*, London 1973 (Bosworth & Co)

Hinz, Andreas: *Lampenfieber*, in: *Ärztezeitung*, Schweiz 2000 (Online)

Klöppel, Renate: *Die Kunst des Musizierens*, Mainz 1993 (Schott Musik International)

Dies.: *Mentales Training für Musiker*, Kassel 1996 (Gustav Bosse Verlag)

Krawehl, I. / Altenmüller, E.: *Lampenfieber unter Musikstudenten*, in: *Deutsche Gesellschaft für Musikermedizin* 4/2000

Langeheine, Linda: *Üben mit Köpfchen*, Frankfurt 1996 (Zimmermann Musikverlag)

Mantel, Gerhard: *Cello üben. Eine Methodik des Übens nicht nur für Streicher*, Mainz 1999 (Schott Musik International)

Ders.: *Einfach üben. 185 unübliche Überezepte für Instrumentalisten*, Mainz 2001 (Schott Musik International)

Ders.: *Cellotechnik*, Köln 1975 (Gerig Musikverlag)

Müller, Helmut: *Lampenfieber und Aufführungsängste sind nicht dasselbe*, in: *Üben & Musizieren* 5/1999

Heinel, Norbert: *Die Gestaltungsangst des Musikers*, Wien 1998 (Edition Präsens)

Schaub, Stefan: *Schluss mit Lampenfieber. Ruhe in Stresssituationen. Ein Trainingsprogramm*, Regensburg 2003 (ConBrio)

Schell, Jochen: *Die Unmöglichkeit der Perfektion*, in: *Querverbindungen*, hrsg. von Gerhard Mantel, Mainz 2000 (Schott Musik International)

Schnack, Gerd: *Gesund und entspannt musizieren*, Kassel 1994 (Bärenreiter-Verlag)

Smole, Ernst: *Musik und Angst*, in: *Querverbindungen*, hrsg. von Gerhard Mantel, Mainz 2000 (Schott Musik International)

Tarr Krüger, Irmtraud: *Lampenfieber*, Stuttgart 1993 (Kreuz Verlag)

Vester, Frederic: *Die Kunst, vernetzt zu denken*, Stuttgart 1999 (Deutsche Verlagsanstalt)

Widmer / Conway / Cohen / Davies: *Hyperventilation und Musikermedizin*, in: *Musikphysiologie und Musikmedizin* 3/1998